La Vierge

de l'Oranie

au XIXᵉ Siècle

HISTOIRE DU PÈLERINAGE DE N.-D. DU SALUT

A SANTA-CRUZ

LA VIERGE
DE L'ORANIE
AU XIXe SIÈCLE

HISTOIRE DU PÈLERINAGE DE N.-D. DU SALUT
A SANTA-CRUZ

PAR

M. le Chanoine MATHIEU
CURÉ-ARCHIPRÊTRE DE LA CATHÉDRALE D'ORAN
AVOCAT DE SAINT-PIERRE

AVEC PRÉFACE
de M. l'Abbé BOUISSIÈRE
VICAIRE GÉNÉRAL

ORAN
IMPRIMERIE D. HEINTZ
9, Boulevard Malakoff, 9
——
1900

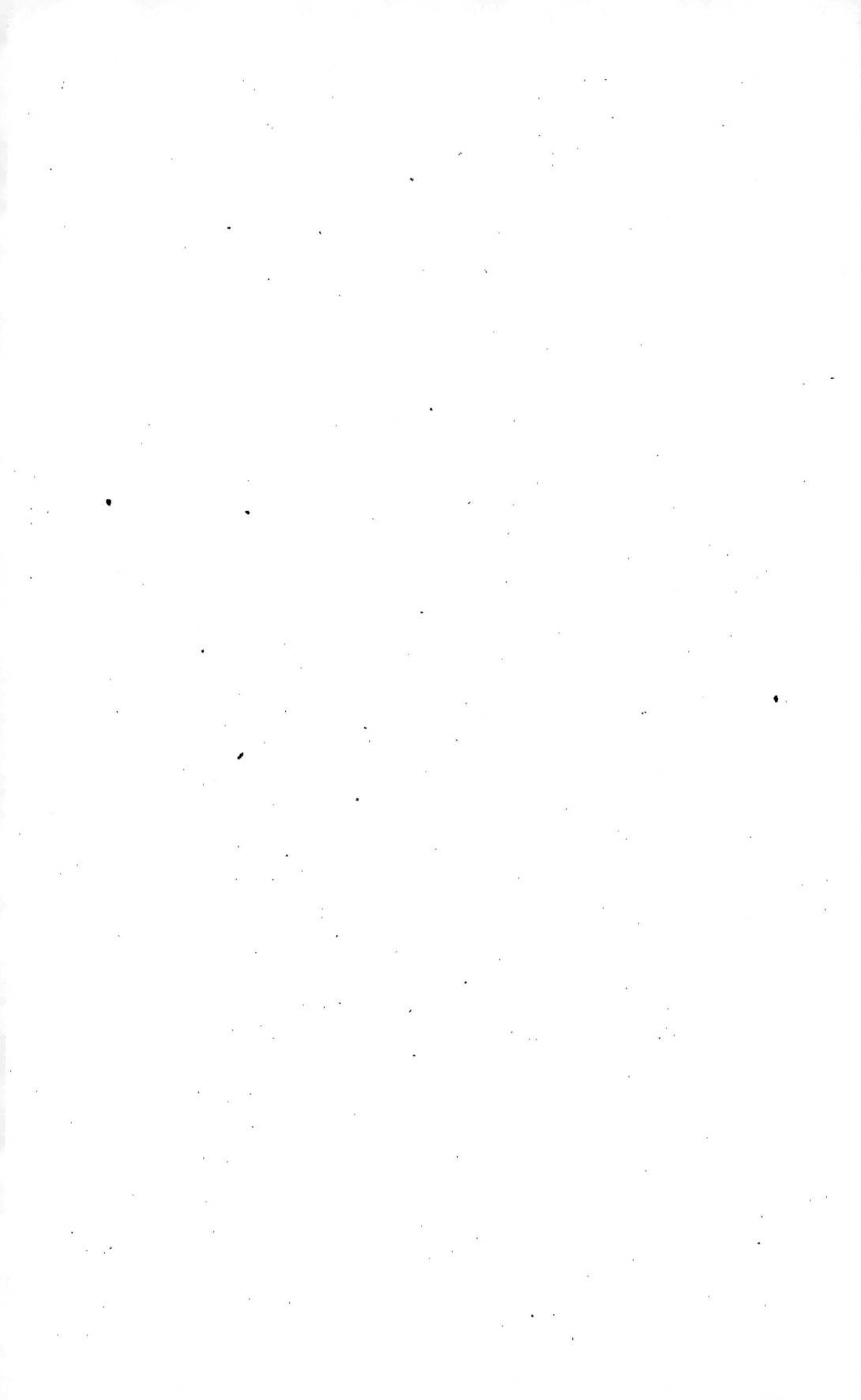

ÉVÊCHÉ
D'ORAN

— * —

Oran, le 25 décembre 1899,
en la fête de la Nativité de N. S.

CHER MONSIEUR L'ARCHIPRÊTRE,

Au milieu des préoccupations incessantes de votre laborieux ministère, vous avez su trouver le temps d'écrire l'histoire de notre grand pèlerinage de Santa-Cruz. Après en avoir donné la primeur aux lecteurs de la *Semaine Religieuse*, que ce récit a vivement intéressés, vous avez maintenant la pensée de réunir ce beau travail en une élégante brochure, pour la répandre ici et au loin dans tous les foyers chrétiens. Votre Évêque ne peut qu'applaudir à votre heureuse initiative et bénir ce nouveau mode d'apostolat.

Comme Zorobabel occupé à la reconstruction du temple de Jérusalem, tenant l'épée d'une main, la truelle de l'autre, vous voulez encore que le produit de votre ouvrage serve à l'édification de notre nouvelle Cathédrale du Sacré-Cœur. Je vous remercie de cette pieuse et filiale attention, qui fera de vous un de ces moines-chevaliers du moyen-âge dont la devise était : *Ense et calamo*, par la plume et par le glaive.

Nous tournerons souvent nos regards vers la *Vierge du Salut*, que vous avez si bien chantée, afin qu'elle donne à votre ouvrage, aussi fortement pensé que bien écrit, tout le succès qu'il mérite, et qu'Elle contribue par là même à exalter son divin Fils dans l'œuvre importante que Nous avons entreprise pour sa gloire.

Veuillez agréer, cher Monsieur l'Archiprêtre, l'expression de mon plus affectueux dévoûment en N. S.

† ÉDOUARD, *Évêque d'Oran.*

PRÉFACE

Le dix-neuvième siècle pourra s'appeler, dans l'histoire, le siècle des manifestations de Marie.

Lorsque le naturalisme coulait à pleins bords et semblait devoir engloutir toute croyance dans un déluge sans espoir, lorsque l'industrie, la civilisation, les sciences, les arts travaillaient à révolutionner le monde par leurs progrès et leurs découvertes, arrachant à la nature presque tous ses secrets, l'orgueil de l'homme se dressait triomphant, et menaçait de détrôner Dieu. La poussière du ciel et la poussière des empires devaient disparaître dans le même doute et les mêmes négations.

Une femme alors, — et quelle femme! — intervint. C'est la grande, l'universelle médiatrice promise au monde sur le théâtre même de sa chûte et sur le berceau de l'humanité. Comme elle donna Dieu aux hommes une première fois, ainsi Elle le leur donnera toujours...

Et quel peuple sera choisi pour recevoir cette douce messagère du ciel? Quelle terre sera digne d'être foulée par son pied virginal?

Ah! il n'y a au monde qu'un peuple providentiel pour accomplir partout les *gestes de Dieu*, il n'y a qu'une terre préparée pour recevoir une nouvelle *Arche d'alliance* avec les communications du ciel, et ce peuple, et cette terre, c'est la

France. C'est à la France que seront réservées après les révélations du Sacré-Cœur, les apparitions de la *Médaille miraculeuse*, de la *Salette*, de *Lourdes* et de *Pontmain*. Le royaume de France est bien le royaume de Marie.

« Quand nous étions encore enveloppés dans les langes immondes du paganisme, a écrit le P. Monsabré, Marie nous envoyait des apôtres. En bénissant l'illustre aréopagyte qui venait se jeter à ses pieds, avant de se ceindre les reins et de prendre son bâton de voyage, elle lui promettait que le peuple, évangélisé par sa parole, serait son peuple à elle, son peuple à jamais.

» Elle a tenu sa promesse. Que de gages de la protection de très haute et très puissante dame Marie pendant les temps héroïques de la chevalerie ! Et, depuis, que de miséricordieuses apparitions ! que d'avertissements maternels ! que de lieux illustrés par d'éclatants bienfaits ! »

Cependant l'épée des combats et la fortune des armes avaient reculé les frontières de la France et étendu ses conquêtes jusque sur ce vieux continent africain, autrefois arrosé du sang des martyrs, mais depuis des siècles devenu la proie de l'hérésie musulmane. Il fallait que Marie prît possession de ce nouvel empire, Elle à qui son divin Fils a dit en la couronnant au ciel : « Par le prestige et l'éclat de votre incomparable beauté, allez de victoire en victoire et régnez. »

« Le malheur, a dit Bossuet, ouvre l'intelligence à des lumières que la prospérité ne discerne pas. » Trop souvent l'âme qui a reçu en partage les joies de la vie, s'abandonne à la fascination du plaisir et finit par oublier Dieu.

Voilà pourquoi l'épreuve, la souffrance, la maladie, les fléaux, entrent dans le plan divin, afin de faire mieux sentir à la créature le besoin de recourir à la puissance et à la miséricorde de son auteur.

L'Algérie était une terre vierge quand le drapeau français vint flotter sur ses remparts. Elle répondait aux espérances des colons qui étaient venus s'y implanter, sans y apporter tous le riche trésor de la foi et des vertus héréditaires, oubliées sur le sol de la mère-patrie. On se laissait aller à la joie de vivre, étalant aux regards des fils de l'Islam étonnés, scandalisés presque, le spectacle d'une indifférence voisine du scepticisme et de l'impiété.

Cependant la justice de Dieu vint un jour promener son glaive sur la tête de ce peuple, s'énervant dans les douceurs d'une vie facile et sensuelle. L'ange exterminateur passa dans ses rangs et y fit sans pitié de véritables hécatombes humaines. Il fallut bien alors lever les yeux vers les saintes collines pour en faire descendre le secours. Et ce fut Marie, la *Consolatrice des affligés*, le *Refuge des pécheurs*, qui vint établir le siège de ses grâces et ouvrir une source de consolations qui ne devait plus tarir, sur la montagne de Santa-Cruz.

C'est toute l'origine et tout le secret de l'*Histoire* qui paraît aujourd'hui. Ce livre a été dicté par la reconnaissance et inspiré par le cinquantième anniversaire de la délivrance d'Oran en deuil. Il pourrait porter pour exergue le mot du livre des Psaumes : *In exitu Israël de Egypto.*

Nous le présentons avec confiance au public, à qui ces pages vécues ne manqueront pas d'offrir de l'intérêt.

Encore que le récit semble, parce qu'il est circonscrit, avoir un caractère purement local ; cependant, en raison de l'instinct religieux qui anime l'humanité et du sens divin qui la conduit, il devient d'un caractère général. « Le pèlerinage, a écrit le P. Coubé quelque part, est un instinct religieux de l'âme. Partout où Dieu est apparu, l'humanité accourt, attirée par une pieuse curiosité, comme si elle devait y retrouver quelque chose de Lui. Elle évoque, elle revit par la pensée le moment où Il était là, visible à sa chétive créature. Il lui semble que ces lieux s'animent, que son souffle y passe encore, que l'écho endormi de sa voix se réveille, qu'un parfum émané de lui flotte sur les objets sanctifiés par son contact. Elle tend les bras vers le ciel, comme pour ressaisir l'Être béni, trop tôt disparu ; elle baise avec ardeur la terre où il a marché, comme elle aurait voulu baiser ses pieds et les inonder de larmes d'amour.

« Voilà le sens, à la fois humain et divin des pèlerinages. Par eux l'humanité prolonge en quelque sorte les visites de Dieu à la terre ; par eux elle supprime les distances de temps et de lieu, qui la séparent des théophanies miraculeuses ; par eux elle perpétue la minute fugitive, et universalise l'étroit espace où Dieu s'est montré à une créature privilégiée. »

C'est pourquoi toute l'Oranie continue, depuis un demi-siècle, à gravir la montagne où se dresse l'image bénie de la Vierge qui la protège, et à visiter le pieux sanctuaire de Santa-Cruz. De loin comme de près, on aime à s'orienter vers elle, à lui demander la consolation dans la peine, la lumière dans le doute, la force quand la nature menace de ployer sous le fardeau des épreuves, dans la désespérance, la foi et le salut.

Ainsi, ce pèlerinage local rentre dans le cadre des manifestations prodigieuses de Marie dans ce siècle, et, à ce point de vue, il est, nous le répétons, d'un intérêt tout français, d'un intérêt catholique, d'un intérêt général.

Pars donc, cher petit livre, pour la France et porte sur ses rives enchantées la brise embaumée de notre terre algérienne, avec les bénédictions que l'Immaculée a répandues sur ces bords. Et puisque nous t'offrons pour servir de rançon et de prix à la Cathédrale du Sacré-Cœur qui va s'élever ici comme un nouveau Montmartre, reviens-nous transformé en or de la charité française qui renaît, comme le sphinx, de ses cendres et enfante des miracles.

J. BOUISSIÈRE, *Vicaire général.*

Oran, le 8 décembre 1899,
en la fête de l'Immaculée-Conception.

PÈLERINAGE DE N.-D. DU SALUT

A SANTA-CRUZ

PREMIÈRE PARTIE

Ses Origines

CHAPITRE PREMIER

Oran en 1849

Depuis près de vingt ans, le drapeau de la France avait remplacé sur les murs d'Oran le croissant de Mahomet. Le bruit des combats s'était éteint, les attaques des Turcs et des Arabes avaient cessé ; le calme et la paix permettant une expansion tranquille, l'ancienne cité, théâtre et témoin de l'héroïsme séculaire déployé pour sa défense par les fils de la catholique Espagne, avait vu sa population s'accroître rapidement. Trop à l'étroit dans l'enceinte de ses vieilles murailles, elle avait débordé sur les hauteurs, et Karguentah voyait déjà près de quatre mille âmes disséminées un peu partout autour des casernes de nos soldats.

Avec le drapeau français, les institutions de la mère-patrie s'étaient implantées sur la terre africaine, et l'ancienne possession espagnole était devenue le chef-lieu d'une des trois provinces de l'Algérie.

C'était en 1849: le futur vainqueur de Malakoff, Pélissier, commandait la division ; M. Garbé occupait la préfecture, et l'autorité municipale se trouvait pour lors entre les mains de MM. Renaud-Lebon, maire, Freixe, adjoint, Jonquier, Péraldi, Cauquil, Ramoger, Stura, Terras, Lasry, Forñara, conseillers. Oran, quoique déjà doté de nombreux embellissements et n'ayant plus la physionomie de la ville arabe que nous avait léguée la conquête, était encore loin d'être ce qu'elle est devenue.

Rien d'ailleurs d'étonnant à cela. Il avait fallu d'abord s'installer, rendre à la civilisation et aux habitudes européennes une ville qui, après les désolations et les bouleversements inévitables d'un siège long et sanglant, après les ruines amoncelées par un terrible tremblement de terre, avait dû subir quarante années de domination turque. Or, comme le dit le vieil adage : « Où le cheval de l'Arabe a passé, il ne reste que des ruines ». De plus, au moment de s'éloigner et en vertu de l'article 8 du traité du 12 septembre 1791, les Espagnols avaient détruit la plupart des édifices élevés par eux pendant leur séjour à Oran, laissant aux Arabes la ville dans l'état où l'avait trouvée le comte de Montémar après l'assaut de 1732. Ce ne furent pas les nouveaux possesseurs d'Oran qui relevèrent les ruines ou effacèrent les traces du passé. Conservèrent-ils seulement ce qu'ils avaient trouvé ?

Quoi qu'il en soit des efforts tentés après la conquête par les autorités françaises, et des améliorations successives apportées à la nouvelle capitale de notre province, à l'époque dont nous parlons, la ville d'Oran laissait encore bien à désirer sous tous les rapports. Au point de vue hygiénique, surtout, il restait énormément à faire. Nous n'en voulons pour preuve que ce cri d'alarme poussé le 4 juillet 1849 par le docteur Marc Dupuy :

C'est assurément dans un but digne d'éloges, écrivait-il, que l'on cherche à persuader aux populations que l'épidémie restera confinée dans les lieux où elle sévit encore aujourd'hui, cependant rien n'est moins douteux ; et sans croire qu'elle se montre dans notre ville d'Oran à une époque peu éloignée, nous prions l'autorité pleine de sollicitude pour ses administrés de prendre en considération les quelques conseils hygiéniques que nous nous permettons de donner ici. Si elle ne le faisait pas, elle serait criminelle aux yeux de l'humanité.

Parcourez les quartiers habités par la population pauvre, regardez en passant l'intérieur des maisons, vous verrez bientôt que c'est à peine si l'air si nécessaire à notre existence pénètre jusque dans ces réduits, d'où s'exhale une odeur nauséabonde, car là se trouvent entassés les uns sur les autres et en grand nombre, hommes, femmes et enfants. Si on parcourt les différents quartiers de la ville, on verra qu'un grand nombre des rues offrent un aspect vraiment dégoûtant. Qu'en serait-il de nous si l'épidémie apparaissait brusquement sur un terrain si propice à son développement ? On tremble rien que d'y penser. *(Hygiène de la ville d'Oran étudiée au point de vue du choléra par le docteur Marc Dupuy, médecin civil.)*

L'année s'annonçait mauvaise ; partout sur la vieille Europe un terrible fléau passait semant tous les rivages de victimes et de deuils. Jusqu'à cette heure la nouvelle colonie avait été préservée ; mais qui donc, ainsi que le disait le docteur Dupuy, pouvait répondre que cette immunité persévérerait ? L'espace et l'immensité n'en avaient point préservé l'Europe : les flots de la Méditerranée pourraient-ils davantage en défendre l'Algérie ?

Le cri d'alarme poussé par la science et répété par la presse locale ne laissèrent point insensibles ceux qui portaient alors le lourd fardeau du pouvoir. Des arrêtés municipaux prescrivirent des mesures sévères : ils ne furent point lettre morte, et le Maire, soucieux de sa responsabilité, tint la main à ce que ces mesures de prudence et d'hygiène fussent observées. Lui-même parcourut un à un les différents quartiers de la ville, entrant dans les maisons, se rendant un compte exact de la situation. En plusieurs circonstances une prudente rigueur fit jeter à la mer des fruits et des provisions ne présentant pas une sécurité sérieuse pour la santé publique.

Les mois de juillet, d'août et de septembre s'écoulèrent sans incidents notables. L'état sanitaire de la ville paraissait bon, la mortalité était sensiblement la même qu'aux époques correspondantes des autres années. Les premiers jours d'octobre amenèrent une recrudescence dans les décès, quelques cas isolés de choléra apparurent, rien cependant qui pût jeter l'épouvante ou faire prévoir ce qui était sur le point d'arriver. C'était pourtant une indication, un symptôme.

Les esprits restaient anxieux ; chacun sentait que le calme apparent qui régnait était le calme précurseur de l'orage, et qu'on se trouvait à la veille d'évènements redoutables.

CHAPITRE II

Le Choléra

L'atmosphère avait été brûlante tout l'été : d'épais brouillards, presque continuels, avaient rendu la température plus fatigante encore, et malgré l'époque avancée de la saison ils persistaient toujours ; l'air était saturé d'humidité, et une chaleur vraiment torride, déprimant les forces, amollissant les courages, énervant les esprits, poussant à toutes les imprudences, préparait les voies au terrible fléau.

Quatre siècles plus tôt un pareil événement s'était déjà produit. Traversant la Méditerranée, la peste avait décimé la ville d'Oran, frappant partout, n'épargnant ni riches ni pauvres, et la population désertant ses foyers était allée camper en dehors des remparts, sur nos plateaux de Karguentah et d'Eckmühl, alors déserts, aimant mieux s'exposer aux balles des Arabes et au cimeterre des Turcs que de respirer l'air mortel de la ville infestée.

L'histoire ne nous a pas conservé les tables de la mortalité de cette épidémie ; elle nous dit seulement que les morts furent très nombreux et que la population « fut plus décimée par le fléau qu'elle ne l'eût été par la plus sanglante bataille. »

Avertie par les terribles souvenirs du passé et consciente de sa responsabilité, en face d'un péril possible, l'autorité sut faire son devoir. De même que, à la veille d'une déclaration de guerre, on a soin de préparer tout ce qui sera nécessaire pour les blessés, au soir ou au lendemain d'une bataille, ainsi fit-on à Oran, lorsqu'on put croire à l'arrivée possible du redoutable fléau.

Sur la demande du maire Renaud-Lebon, le général Pélissier mit à la disposition de la municipalité tous les locaux susceptibles d'être employés pour le service des cholériques, et, dans la crainte que les Hôpitaux civil et militaire ne fussent pas suffisants pour tous les besoins, le Conseil municipal, dans sa séance du 3 octobre, ouvrit un crédit de *douze mille francs* pour la création de plusieurs ambulances à établir, la première rue d'Alkmaër, la seconde rue d'Austerlitz, les autres à la Sénia et à Mers-el-Kebir, rattachés alors à la commune d'Oran. Le caravansérail de la porte Saint-André fut transformé d'urgence en hôpital, et le 18 octobre les Sœurs Trinitaires reçurent l'ordre de joindre ce nouveau local à leurs autres services.

En date du 3 octobre, un article de la presse oranaise, répétant le cri d'alarme du docteur Dupuy, signalait l'état d'*insalubrité* de certains quartiers. Le Maire y répondit par une nouvelle visite générale des endroits désignés. Le docteur du Cazal, joignant sa voix à celle de son collègue, donnait aux habitants les avis les plus sages et les plus autorisés. Déjà le Conseil de salubrité et d'hygiène de la province d'Oran avait fait imprimer et distribuer à profusion des conseils pratiques concernant les habitations, les vêtements, les aliments, les boissons, la conduite, et les premiers soins à donner aux victimes du fléau. Dès le 25 septembre, faisant appel aux hommes de bonne volonté, il avait essayé de constituer un corps d'infirmiers, et il proclamait la nécessité d'agir de même auprès des femmes afin d'être en mesure de leur donner, ainsi qu'aux enfants, les soins dont ils pouvaient avoir besoin.

Il semblait donc que la sagesse et la science humaines eussent tout prévu, tout préparé pour conjurer l'épidémie, en enrayer la marche, ou en atténuer la gravité. Hélas ! que, malgré son intelligence, l'homme est petit devant les forces de la nature ! que son impuissance est grande devant les fléaux ! Oran allait en faire une cruelle et douloureuse expérience.

Le 14 octobre, l'épidémie jusqu'alors relativement bénigne, éclata d'une façon foudroyante sur tous les points de la ville à la fois. Qui nous dira les angoisses de ces jours de deuil ? Nous n'avons pas des siècles à interroger ; c'était hier. Plusieurs parmi nous, survivants de cette année terrible, échappés à la contagion ou arrachés à la mort, après avoir vécu ces jours d'anxiété et de tristesse, de déchirement et de larmes, se rappellent encore, non sans frémir, ces heures où l'incertitude de la vie, vraie en tout temps, était telle que nul ne savait si l'adieu dit un instant auparavant à un voisin, à un parent, à un ami, n'était point déjà l'adieu de l'éternité.

Les faubourgs ne furent pas plus épargnés que l'intérieur de la ville, les quartiers neufs que les anciens quartiers de la marine et de la *Calèra*. Frappant à coups redoublés, ne respectant ni le sexe ni l'âge, n'ayant égard ni à la naissance ni à la fortune, la mort emportait des familles entières. Le père tombait au chevet des siens, la mère succombait à son tour, frappée en couvrant d'un dernier baiser son enfant au berceau, et, à côté des cadavres de ses parents, une petite créature par ses cris et ses larmes redemandait vainement le sein qui jusqu'alors l'avait nourrie !...

Chaque jour voyait se renouveler ces scènes de désolation, le fléau multipliait ses ravages, les cadavres s'amoncelaient partout ; les prolonges mises par Pélissier à la disposition de la municipalité passaient et repassaient dans toutes les rues, emportant à la hâte leurs funèbres fardeaux. Au fond du ravin de *Ras-el-Aïn* on créa de nouveaux cimetières aussitôt insuffisants. Les fossoyeurs impuissants à remplir leur lugubre besogne, avaient été remplacés par des condamnés fournis par l'autorité militaire ; ils creusaient de vastes tranchées, dans lesquelles on déposait comme en une immense fosse commune, ceux que frappait l'épidémie. Combien de parents dont les fils n'ont jamais su où reposaient leurs restes ! ils ne leur ont pas même laissé la suprême consolation de pouvoir, dans leur douleur, prier sur leur tombe inconnue ! Ramassés hâtivement et enlevés bien vite par crainte de la contagion, ils dorment leur dernier sommeil dans un coin d'un cimetière abandonné, sans que rien ne rappelle à notre génération, facilement oublieuse, les innombrables victimes de l'inexorable fléau !

A côté de ces scènes navrantes dont le souvenir nous émeut encore après cinquante ans, on en rencontrait d'autres plus navrantes même et sur lesquelles nous jetterons un voile. Pascal a dit « que dans l'homme l'ange coudoie la bête ». Trop souvent en ces jours où la peur de la mort vient jeter l'affolement dans les esprits, l'ange ou ce qui rappelle l'ange disparaît, et seuls demeurent ces instincts que chacun peut retrouver au fond de son être, quand la grâce de Dieu n'est point là pour les dompter.

Ce n'est ni d'un pays, ni d'une époque, partout et toujours l'homme est le même ; quand il se voit en face de la mort et qu'il lui faut lutter pour conserver sa vie, l'instinct égoïste l'emporte trop souvent et il ne songe qu'à lui.

Ne soyons donc pas étonnés si, en ces jours où la menace d'une mort horrible et prompte était partout, l'affolement soit entré dans les esprits et si dans une pensée de préservation personnelle on oublia parfois le respect dû aux morts. Il était difficile de les enlever tous avec la célérité désirable, et alors, si nous en croyons les témoignages des rares survivants de ces jours terribles, en plus d'une circonstance les prolonges qui, par ordre de Pélissier, parcouraient les divers quartiers de la ville, eurent à ramasser les victimes du fléau, gisant sur les voies publiques abandonnées des leurs.

Passons sur ces scènes de désolation. A côté de ces défaillances, n'avons-nous pas le consolant spectacle du dévouement poussé jusqu'à l'héroïsme ? En haut, les cœurs, les victimes tombées au champ d'honneur, martyrs du devoir, prodiguant aux malades et aux mourants les soins les plus empressés, le proclament éloquemment.

On exalte l'héroïsme du soldat qui meurt en défendant son drapeau. L'histoire a écrit en lettres d'or le nom de Régulus revenant mourir victime de la parole donnée : ce n'est que justice ! L'Algérie — on ne le dit pas assez — n'a rien à envier à la Rome antique. Déjà, sous Louis XIV, nos corsaires Malouins revenaient, nouveaux Régulus, reprendre librement leurs chaines, et plus d'un, comme La Barbinais, vit sa tête rouler sous le cimeterre des bourreaux, pour n'avoir pas fait accepter du grand roi des concessions qu'il regardait comme incompatibles avec l'honneur de la patrie. La mort glorieuse de Dutertre et de ses compagnons d'armes rappellera aussi aux générations futures qu'en France on sait encore préférer la mort à la trahison. Honneur à ces braves !

Mais il est un autre héroïsme moins brillant, qui passe le plus souvent inaperçu et qu'on ne saurait cependant trop exalter : c'est l'héroïsme de tous les instants, l'héroïsme obscur mais sublime du médecin, de l'infirmier, de la sœur hospitalière, du prêtre, de tous ceux qui, sans peur en face du danger, dévoués en face de la mort, donnent leurs soins, prodiguent leurs veilles, exposent leur vie, disputant leurs victimes aux fléaux et à la tombe. Ils ne les laissent qu'après avoir tout sacrifié pour remettre à Dieu leurs âmes régénérées, quand ils n'ont pu les conserver à ceux qui les aimaient.

Cette conduite est-elle moins héroïque que celle dont nous parlions plus haut ? Est-elle moins digne d'être exaltée et conservée dans la mémoire des peuples ? On serait tenté de le croire, tant elle passe inaperçue et disparaît vite du souvenir ! Une de nos places publiques rappelle, d'une manière digne d'une grande cité, le patriotisme des héros de Sidi-Brahim ; mais pour trouver trace du courage, de l'abnégation, du dévouement de ceux que la mort a frappés au chevet des innombrables victimes de l'épidémie de 1849, il nous faut aller déchiffrer les inscriptions funéraires de quelques pierres tombales pieusement recueillies à l'Hôpital militaire, consulter des actes de décès n'indiquant qu'un nom et une date, ou retrouver dans une collection de journaux vieillis quelques mots saluant, d'un dernier adieu, les vaillants tombés au champ du devoir !

Je ne passe jamais devant le monument de Sidi-

Brahim, sans envoyer un souvenir ému aux braves qui ont versé leur sang pour défendre le drapeau. Que je voudrais pouvoir donner aux nobles victimes, tombées au choléra de 1849, l'hommage que mérite leur dévouement! Leurs noms? Je les retrouve dans les ordres du jour rappelant leur glorieux trépas, inclinant sur leur tombe entr'ouverte le drapeau de la patrie et joignant sur leur cercueil, à la croix des braves, les palmes du martyr. Poullain qui, après trente années de service militaire, demande par dévouement à être envoyé en Afrique: il arrive malade à Oran. Au bout de quelques jours, Pélissier le presse de rentrer en France pour rétablir sa santé. — « Mon Général, lui répond-il, où est le mal, le médecin doit rester et mourir. » — Il est resté et il est mort. Hennequin « qui, à peine frappé, ne se méprenant pas sur son état, fait appeler l'aumônier, le vénérable Père Picazo, que l'on trouve jour et nuit au chevet des malades, et se met ainsi dans la position du chrétien résigné. » (*Paroles du docteur Guyon, chirurgien en chef de l'armée d'Afrique, sur sa tombe.*) Bellot, Gador, Goëdorp, aussi grands par la science que par le dévouement; Duperrey, qui saluait déjà l'espérance de jours meilleurs et qui tomba sans les voir; Julia, si aimé de ceux qu'il soignait, si estimé de ses chefs, « chrétien convaincu dont la principale occupation, après ses chers malades, était ses études sur ce beau livre que vous connaissez tous, l'*Imitation de Jésus-Christ* »(*Discours du docteur Léger*). Se sentant frappé à mort, il remet ses manuscrits à son ami Goëdorp, le chargeant de les faire parvenir à sa mère, dont ils adouciront la douleur. Il ne se doutait pas que quelques jours plus tard le fléau les aurait réunis dans l'éternité.

En saluant en eux, à cinquante ans de distance, les nobles victimes du devoir, je salue également ces aides si nombreux qui, secondant leurs efforts et suivant leurs exemples, sont tombés en accomplissant la tâche qu'ils leur avaient confiée. Eux aussi doivent avoir leurs noms inscrits au livre d'or de l'héroïsme et du dévouement. Comme eux, ils n'ont point marchandé leur sacrifice, puisque, « un quart du personnel de nos hôpitaux est tombé au champ d'honneur ». *(Ordre du jour du général Charon, gouverneur de l'Algérie.)*

Je ne peux mieux terminer cette partie de mon récit qu'en citant les dernières paroles prononcées sur la tombe du docteur Hennequin, par le chirurgien en chef de l'armée d'Afrique : « Adieu à vous tous, chers collaborateurs qui, à cette heure, avez déjà payé d'une mort obscure votre dévouement à la sainte cause de l'humanité ! Nous tous, qui tenons encore tête à l'orage, nous continuerons, sur la même brèche, l'œuvre si bien commencée par ceux dont nous déplorons la perte ; nous y périrons tous l'un après l'autre, comme Dieu voudra ! nous y périrons tous, si Dieu le veut » !

A côté des médecins du corps, nous rencontrons le médecin des âmes, le prêtre. J'aurais laissé à d'autres le soin de parler de lui, si, dans les archives de ces temps douloureux, je n'avais rencontré un nom qui, à l'heure où j'écris, est encore entouré de la triple auréole du sacerdoce, de la vieillesse et de la souffrance. Ce nom est celui de Mgr Soubrier. Il évoque cinquante ans de vie sacerdotale, c'est-à-dire cinquante ans de vertus modestes et de piété, de dévouement et de charité pour les pauvres et les petits. En 1849, à peine ordonné prêtre, il fut envoyé à Oran où Saint-André eut les prémices de son zèle. Comme l'écrivait si justement

Mgr Lafuma, en réponse à des attaques aussi inqualifiables qu'injustifiées : « Les anciens d'Oran se rappellent l'avoir vu, jour et nuit, au chevet des malades et des mourants, dans l'ancien Hôpital, pendant toute la durée du choléra. Sans nul souci des conséquences personnelles que pouvait avoir son dévouement, il brava jusqu'au bout la terrible épidémie ».

Cette vie, commencée dans l'abnégation, continuée dans l'exercice d'une charité sans bornes, s'achève dans la souffrance. Le 4 novembre 1849 le trouva avec Oran aux pieds de Marie ; sans la maladie, le 4 novembre 1899, l'y aurait retrouvé encore, et les noces d'or de ce vénérable Pontife auraient été le prélude de celles de Santa-Cruz. Il aimait tant Marie, qu'il eût été heureux de lui consacrer les ardeurs expirantes de son zèle et de remettre entre ses mains les derniers jours de son ministère, dont elle avait béni l'aurore !

Dieu ne le permit pas, adorons ses desseins, mais aux pieds de N.-D. du Salut, ne l'oublions pas ; il y a droit à tant de titres, et n'est-il pas un des derniers survivants de ce jour mémorable ?

Sur une autre partie de ce champ de bataille où le dévouement disputait à la mort ses victimes, nous rencontrons encore une figure qu'Oran n'a pas oubliée. C'est celle du P. Picazo, aumônier de l'Hôpital militaire au moment de l'épidémie de 1849. La lettre dans laquelle il rendait compte à ses supérieurs, de ces jours terribles, écrite par conséquent il y a 50 ans, a été précieusement conservée. On a bien voulu nous la communiquer et nous nous faisons un devoir de la mettre sous les yeux de nos lecteurs. Si ce *témoignage vécu*, remarquable de simplicité et d'humour, fait ressortir l'énergie et le dévouement du prêtre, il nous dépeint aussi dans son effrayante réalité les horreurs de ces jours d'angoisse.

Le 21 septembre, un illustre gentilhomme, qui ne brille cependant pas par la politesse, M. le choléra, vint sans demander permission à personne s'implanter dans mon hôpital. Douze jours après je me vis tellement débordé que je fus contraint d'abandonner la Résidence pour ne plus sortir de l'hôpital que *mort ou vainqueur*. Le 3 octobre, je m'y enfermais donc pour combattre les combats du Seigneur *ad præliandum prælia Domini*. La mort enlevant les uns après les autres *tous les médecins*, les deux tiers des infirmiers (79 sur 110 qu'ils étaient) une bonne partie des officiers d'Administration, et *une multitude innombrable de victimes*, votre serviteur, qui a aujourd'hui l'honneur de vous le raconter, fut obligé de remplir alternativement et nombre de fois en même temps les illustres fonctions de directeur d'hôpital, d'officier de garde, de médecin en chef, d'infirmier major où de service, d'ensevelisseur, etc., etc. Le 24 octobre au soir, pour la première fois je me couchais sur trois chaises afin de me reposer un peu... je me trompe, la veille à 2 heures du matin, n'en pouvant plus (no pudiendo mas con mi saco de huesos) je fus me coucher tout habillé dans le lit d'un malheureux qui venait de mourir ! mais il me fallut acheter cet avantage en portant moi-même à l'amphithéâtre le pauvre mort afin qu'il laissât la place libre.... Je n'ai pu encore recouvrer le sommeil, depuis ces 22 jours pendant lesquels au temps du choléra il me fit l'école buissonnière (desde los veinte y dos dias que me hizo novillos en tiempo del colera). Lettre du P. Picazo au R. P. Morey.

Ajouter un mot à cette lettre, ce serait en affaiblir l'intérêt.

Nous avons dit plus haut, qu'à la date du 18 octobre, les Sœurs Trinitaires avaient été appelées aux ambulances établies par le Conseil municipal, et au caravansérail de la porte Saint-André. Auparavant, elles desservaient déjà les anciens Hôpitaux militaire et civil. Toutes les prévisions se trouvant hélas dépassées, ni les ambulances et les hôpitaux ne pouvaient contenir les victimes de plus en plus nombreuses de l'épidémie. Les classes dirigées par les Filles de Saint-Jean de Matha furent alors fermées et les locaux aménagés pour recevoir les cholériques. Les Sœurs infirmières ne suffisant pas non plus à soigner les malades, les maitresses des classes s'offrirent à les seconder.

L'esprit de leur saint fondateur les animait : elles furent les dignes filles d'un tel Père. Ses pas avaient tant de fois jadis foulé cette terre ! Racheter les captifs, sauver les âmes, consoler ceux que la barbarie enfermait dans ses bagnes, se faire tout à tous, telle fut sa vie et celle de ses enfants. De nos jours, elles sauront encore, à son exemple, puiser dans le cœur de Jésus le dévouement qui s'immole et la charité qui console ou qui sauve !

Le Ministre de la Guerre, qui, par un décret du 11 septembre 1842, avait fait approuver leur établissement dans la province d'Oran, s'adressa de nouveau en 1849 à la Maison-Mère et sollicita l'envoi d'un plus nombreux personnel. Le fléau sévissait avec violence, les malades étaient là, triste et trop abondante moisson pour les bras dont on disposait. L'abbé Michel, supérieur de la Congrégation et aumônier de la Maison de Valence, reçoit la demande pressante du Ministre, il en fait part à la Communauté rassemblée. La situation est grave, les besoins sont immenses, le fléau frappe à coups redoublés, on demande des Sœurs ; c'est la mort en perspective. Ah ! qu'importent les fléaux aux filles de celui qui consacra sa vie à la rédemption des captifs ? Qu'importe la mort à celles dont le cœur est façonné par le Sauveur Jésus qui a donné sa vie pour ses frères ? Toutes se lèvent et, par un mouvement spontané de charité héroïque, se jettent aux genoux de leur vénéré Supérieur, implorant la grâce de partager cette glorieuse mission. Les novices, elles-mêmes, demandent à devancer leur profession religieuse, afin de ne pas être privées du bonheur de partir et de se dévouer.

Partez donc le cœur brûlant de la charité de Jésus-Christ ! Allez grossir le nombre des héroïques servantes de ceux qui souffrent ! En vous voyant, nous redirons avec le grand apôtre : « Qu'ils sont beaux les pieds de celles qui vont annoncer l'évangile de la paix et donner au monde l'exemple de cette charité que, ni la longueur du voyage, ni les flots de la mer, ni le danger de la contagion, ni la crainte de la mort, ne sauraient arrêter. »

En un siècle où l'indifférence et l'égoïsme semblent régner, il fait bon rencontrer des âmes qui nous rappellent, par leur héroïque abnégation, que la charité et le sacrifice implantés en ce monde par le Dieu du Calvaire, fleurissent encore et se perpétuent pour le salut et le bonheur des sociétés. J'ai considéré comme un devoir de faire revivre cette scène touchante : elle appartient à l'histoire, elle nous fera oublier les blasphèmes et les insultes que trop souvent ces nobles filles rencontrent sur les lèvres des enfants de ceux pour qui elles se sont dévouées. Mon Dieu, pardonnez-leur, ils ne savent ce qu'ils font !

J'ai salué tout à l'heure, avec un patriotisme plein de respectueuse émotion, les noms de tous les braves héroïquement tombés au chevet des victimes de l'épidémie de 1849 ; pourrais-je oublier celui de Mère Sainte-Eugénie, que la providence avait mise à la tête des Religieuses Trinitaires d'Oran ? Admirable d'énergie, mais surtout confiante en Celui qui tient entre ses mains la vie et la mort, en ces jours d'affolement, elle allait infatigable des hôpitaux aux ambulances, au

caravansérail, portant à tous son courage, son dévouement et surtout son cœur. Toujours sur la brèche, il
semblait que la fatigue ou la maladie n'eussent point
d'action sur elle. Sa confiance en Dieu, elle l'inspirait
à tous. Soudain, en quelques heures, une attaque du
terrible fléau terrasse deux jeunes Religieuses: trois
autres sont atteintes et s'alitent. Mère Sainte-Eugénie
placé dans le cercueil le corps de ses filles, elle les fait
déposer à la chapelle, puis elle s'approche du tabernacle,
se jette à genoux en s'écriant : « Seigneur, je suis
prête, prenez ma vie, mais épargnez mes enfants » !
Dieu allait exaucer cette demande héroïque. C'était le
dimanche 29 octobre : le lendemain, après neuf heures
de cruelles souffrances, la sainte âme de Mère Eugénie
retournait à Dieu.

Malgré le malheur des temps, ses funérailles furent
un véritable triomphe. La reconnaissance publique
célébra la charité et le dévouement de l'humble servante
du Christ. Pélissier se fit un honneur et un devoir
d'accompagner son convoi funèbre, et celui que les
horreurs des plus terribles champs de bataille ne pouvaient émouvoir, n'avait point honte de laisser voir en
cette occasion son émotion profonde. Avant de s'éloigner il partagea, avec le Maire d'Oran, et emporta
comme une précieuse relique, une pauvre couronne
d'immortelles qui avait reposé sur le cercueil.

A quelques jours de là, Mgr Pavy consacrait l'Algérie
entière au Cœur Sacré de Jésus et adressait une éloquente supplication à Marie pour demander à la Reine
des miséricordes sa puissante intervention au milieu
des tristesses et des désespérances qui étreignaient
toutes les âmes.

Ne serait-ce point sur la tombe, à peine fermée, de la

Mère Sainte-Eugénie, ou du moins ne serait-ce pas sous une inspiration obtenue par celle qui venait de s'offrir en holocauste pour les siens, que naquit la pensée d'implorer le Maître de la vie et de la mort, Celui dont la main puissante relève et console, et dont la voix commande aux vents et à la mer ?

A qui donc s'adresser en effet ? Les prévisions et les craintes étaient dépassées d'une manière effrayante. Malgré tous les efforts, le choléra continuait sa marche ascensionnelle. Le jour de la mort de Mère Eugénie, 92 cadavres l'avaient accompagnée au champ du repos ; le lendemain, leur nombre avait été de 109 ; deux jours après, nouvelle augmentation de la liste funèbre ; l'état-civil avait enregistré 119 décès, auxquels il convient d'ajouter les cadavres inconnus ramassés à la hâte sur les voies publiques et conduits aussitôt au ravin de *Ras-el-Aïn*, dans les tranchées destinées à les recevoir. Du 14 au 31 octobre, malgré les précautions, malgré les soins les plus empressés, malgré le dévouement de tous, 1,172 malades avaient succombé. La province tout entière était contaminée ; Arzew, Mostaganem, Tlemcen, Mascara, avaient successivement reçu la visite du terrible fléau ; l'épouvante était générale, partout on demandait aide et secours et rien ne faisait espérer la cessation de l'épidémie. La science et le dévouement étaient impuissants à enrayer sa marche ; tout paraissait au contraire conjuré pour la favoriser.

La température restait lourde, d'épais brouillards entretenaient une humidité malsaine ; de l'aveu de tous les médecins, on ne pouvait compter sur une accalmie tant qu'une pluie abondante ne serait pas venue purifier l'air, dissiper les miasmes et rafraîchir la terre embrasée.

Mais cette pluie tant désirée, rien ne la faisait prévoir. Il semblait que, comme au temps d'Elie, le ciel fût d'airain, qu'une volonté toute-puissante en eût banni toute rosée. Quand donc un nouveau prophète annoncerait-il qu'il entendait venir le bruit lointain d'une pluie prochaine ?

L'angoisse était dans tous les cœurs. Nous l'avons dit plus haut : les chefs de nos hôpitaux, nos médecins, nos infirmiers, nos sœurs hospitalières étaient tombés dès les premiers jours. Leur perte, tout en frappant douloureusement les esprits, ne les avait pas trop épouvantés; n'étaient-ils point au poste le plus périlleux? Ils n'avaient pas seuls succombé. Les victimes que faisait chaque jour le fléau n'étaient pas seulement celles que les privations ou la misère rendaient plus accessibles à ses atteintes, mais celles-là mêmes que leur position ou leur fortune semblaient devoir mettre plus facilement à l'abri de ses coups. Leur mort inattendue, souvent foudroyante, jetait l'épouvante dans la population, achevant de la démoraliser.

Dès les premiers jours, ce fut Victor Boniface, commissaire du 1er arrondissement, enlevé avec François Pélissier, son inspecteur, d'une manière presque foudroyante. Le Frère Hilarion Ferton, supérieur des Écoles dirigées à Oran par les Frères de Saint Joseph du Mans, à peine arrivé de France le 7 octobre, était le 16 dans son éternité. Avec lui, les lieutenants Gressinge, Labrouche, Cattelou, le capitaine Hagatte, étaient emportés en quelques heures.

Le Corps des officiers comptables, paya un large tribut à l'épidémie : Blottot, Bréchy, Lefort, Bertoux, Boisset, tombèrent malgré les soins et le dévouement les plus empressés. Doulcet, capitaine d'état-major, qui, la veille, riait du choléra et des craintes qu'on lui exposait, succombait le lendemain presque subitement. René Mathelin, officier d'ordonnance du général Cuny, confiant dans sa jeunesse vigoureuse, ne croyait pas non plus au danger : atteint par le fléau au chevet de son chef que ses soins arrachaient à la mort, il était emporté le 22 octobre, dans sa 23e année.

Jules Muzin, secrétaire à la Mairie d'Oran ; Léonard Alas, employé à la Préfecture ; Charles Paulus, vérificateur des Bâtiments civils ; Léon Chéronet, architecte, tombèrent aussi avec tant d'autres que je passe sous silence pour ne point prolonger ce douloureux nécrologe ! La magistrature et le barreau, atteints dès les premiers jours par la mort rapide de l'avocat Bullard et du juge Théron, donnèrent en la personne de Stanislas de Vaudrécourt, président du Tribunal de première instance et président du Conseil de fabrique de l'église Saint-Louis, une de ses dernières victimes au fléau.

CHAPITRE III

D'où viendra le Secours ?

Plus d'une fois déjà les plaintes, les murmures découragés de la population s'étaient fait entendre, parvenant jusqu'à l'Autorité, qui faisait pourtant son devoir. Elle avait tenté tout ce qui était humainement possible pour combattre le fléau, alléger la misère, soulager la souffrance. Dans son numéro du 30 octobre,

l'*Echo d'Oran* l'avait constaté. « Nous ne saurions trop
le répéter, disait-il, administrateurs, employés, militaires de tout rang, médecins — les médecins surtout, —
prêtres, sœurs de charité, tout le monde a été admirable
de dévouement et de courage. » Et cependant le jour
où ce journal enregistrait ce consolant témoignage,
119 cadavres étaient conduits à leur dernière demeure !

D'où viendrait donc le secours que ni la science
des docteurs, ni le zèle de chacun ne pouvaient procurer ? Quelle main assez puissante terrasserait ce terrible
fléau, que tout le génie de l'homme ne savait arrêter ?
Bien avant nous, dans le lointain des âges, le patriar-
che de l'Idumée, Job, avait déjà dit : « Que les créatures,
frêles roseaux qui se brisent en blessant la main qui
s'y repose, sont impuissantes à nous secourir ou à
nous consoler ! » ajoutant toutefois que « lorsque les
hommes nous abandonnent, Dieu nous reste ».

Si l'affolement de la peur, si l'horreur de l'épidémie,
si la vue des morts et des mourants avaient empêché
jusqu'à ce jour la population décimée de songer à Celui
à qui les fléaux obéissent ; si elle s'était plus préoccupée
de demander à la science humaine les moyens de conjurer le danger et d'arrêter la contagion que de s'adresser à
Celui qui est le Maître de la vie et de la mort, déjà
cependant d'ardentes prières étaient montées vers le
ciel, bien des dévouements héroïques recueillis par les
anges avaient été placés par eux dans la balance de la
justice divine. Je dirai plus : des actes publics de
confiance en la puissance souveraine de Dieu s'étaient
produits, je n'en veux pour preuve que ces lignes
écrites au plus fort de l'épidémie et retrouvées dans
un journal du 24 octobre 1849. Il s'agissait du caravansérail et des travaux d'appropriation pour y recevoir

les victimes du choléra. Le temps pressait, de nombreux malades attendaient une place ; « une seule salle, écrivait-on, contenant 60 lits et *bénie sous l'invocation de la Vierge*, y est organisée pour le moment. Au nom de Dieu et de la charité humaine, qu'on se presse donc. » Ce n'était pas assez !

Dans les âges anciens, aux jours où la colère divine allait frapper Ninive, quelques mots d'un envoyé de Dieu avaient suffi pour jeter la grande coupable aux pieds du Seigneur et fléchir son courroux. En ces jours de tristesse et de deuil, il allait suffire d'un mot prononcé par un homme dont la foi profonde égalait l'énergie, pour qu'Oran tournât ses regards vers les cieux. Instant solennel où Dieu, déployant sa puissance, allait une fois de plus montrer à la terre sa miséricorde !

Dans une de ces réunions où se groupaient tous les dévouements, chacun, exposant sa pensée au sujet du fléau, lui cherchait un remède. Pélissier, qui commandait la province, adressa brusquement la parole à l'abbé Suchet, vicaire général d'Alger. Avec ce ton et ce style dont la rondeur toute militaire s'accommodait mal de l'atticisme de notre langage : « Qu'est-ce que vous faites donc, Monsieur l'abbé ! lui dit-il, vous dormez ? Ne sauriez-vous plus votre métier ? Le choléra ? nous n'y pouvons rien, ni vous, ni moi, ni personne. Vous me demandez les moyens de l'arrêter ? Je ne suis pas curé, et pourtant, c'est moi, Pélissier, qui vous dis : Faites des processions ». Et, se tournant vers la montagne de Santa-Cruz, le général la lui montrant de la main, ajouta : « F...-moi une Vierge là-haut, et elle se chargera de jeter le choléra à la mer ! »

Dans ce langage qui pourrait effaroucher un puriste, nous retrouvons la foi profonde de ce vaillant soldat.

Il avait gardé, envers la Reine du ciel, la confiance la plus absolue ; il voulut, comme il l'a dit lui-même, choisir le 8 septembre, fête de la Nativité, pour donner l'assaut suprême à Malakoff, afin de se mettre, lui et son armée, sous la protection de Marie, et, suivant sa parole, donner ainsi une plus grande extension au vœu de Louis XIII qui lui avait consacré la France. Le prêtre et le soldat s'étaient compris. La parole de Pélissier avait ému profondément l'abbé Suchet : il y vit une inspiration du ciel.

La réunion que nous venons de signaler fut bien vite connue partout. Les paroles du général, répétées de proche en proche, et recueillies avec enthousiasme par toute la ville, créèrent aussitôt un mouvement populaire irrésistible et ramenèrent dans tous les cœurs un rayon d'espérance.

Marie, dont l'image aimée se reflète là-bas, au rivage de la mère-patrie, dans les flots bleus de notre Méditerranée ! Marie, dont le bras maternel garde nos frères de France, et en tant d'occasions les délivra des fléaux ! Marie, qu'on n'invoque jamais en vain, refuge de ceux qui n'ont plus d'espoir, consolatrice de ceux qui pleurent, espérance de ceux qui souffrent ! Marie, salut des malades ! C'est elle qui sauvera Oran. Plaçons-la à Santa-Cruz, établissons-la gardienne de la cité, et au jour du danger, au jour où la souffrance, la maladie, les fléaux menaceront nos têtes, nous lèverons nos yeux vers la montagne, d'où nous viendra le secours ! Et déjà de toutes les bouches jaillissait le même cri venu spontanément du cœur : « N.-D. du Salut, priez pour nous ! »

3

CHAPITRE IV

La Procession

Le jeudi 1er novembre, en la fête de tous les Saints, on annonça aux divers offices une procession solennelle pour demander à Dieu, par l'intercession de sa puissante Mère, la cessation du fléau. Cette cérémonie fut fixée au dimanche suivant, 4 novembre. Ce délai bien court était cependant nécessaire pour que la nouvelle, passant de bouche en bouche, parvînt dans toutes les demeures, et que la ville entière pût assister à cette manifestation qu'il fallait grandiose par l'empressement de tous à y assister. Oui, il fallait que Marie vît à ses pieds tous ses enfants, il fallait que de toutes ces poitrines haletantes, de tous ces cœurs souffrants, de toutes ces bouches anxieuses, jaillît un même cri de foi, d'espérance et d'amour : *Parce Domine, parce populo tuo.*

Enfin se leva ce jour, attendu par tous comme un jour de salut...

Dès le matin, fidèle au rendez-vous, la population d'Oran envahissait l'église Saint-Louis. Insuffisante d'ordinaire à contenir les fidèles, elle le fut bien autrement ce jour-là. Au dehors comme au dedans, les cœurs battaient à l'unisson, confondant leurs prières, leurs larmes et leurs espérances. Le ciel était toujours d'airain, rien ne faisait prévoir la fin de la sécheresse. Le temps restait lourd, d'épais brouillards entretenaient

cette température étouffante, malsaine, si propice à
l'extension du fléau.

Les cloches annoncent à toute la ville que le moment
est arrivé. La croix, symbole d'amour et de miséricorde,
sort bientôt, escortée par les enfants si chers au cœur
de Jésus ; les femmes vêtues de noir, viennent ensuite
égrenant leur chapelet, une multitude d'hommes les
suit, tout le monde tient en main un cierge allumé.
Pélissier, dont la parole a suscité cette touchante
manifestation, est là, suivi de son état-major. Le Tribunal en robe, ayant à sa tête son vénérable Président,
M. de Vaudrécourt, marche dans le pieux cortège, où
tous les rangs de la société sont confondus.

Le recueillement le plus profond règne dans cette
foule, on sent qu'une même pensée comme une même
douleur remplissent les esprits, la ville entière est là
pour accomplir un acte solennel, auquel est attachée
une suprême espérance. Portée par les pêcheurs, la
statue de Marie s'avance à travers la cité. Sur son
passage, tous les fronts se découvrent, l'orphelin désolé
tourne vers elle son regard anxieux, l'enfant la prie
afin qu'elle lui garde sa mère et le vieillard l'invoque
pour les siens. Sur leur lit de douleur, les malades
et les mourants en la voyant passer puisent encore
dans leur foi le courage de tendre vers Elle leurs mains
défaillantes. Qui nous dira les ardentes prières s'élevant
de toutes parts et portant jusqu'au trône de Dieu les
supplications de tant de cœurs angoissés ?

L'immense cortège se déroule lentement à travers
la cité ; il descend vers la mer, monte ensuite vers la
haute ville dont il parcourt les rues, revient au ravin Raz-
el-Aïn, et, remontant les quartiers de la *Blanca*, franchit
la porte du *Santon* pour gagner la montagne. Par-

venue au premier plateau, la procession s'arrête, on dépose sur le sol la statue de Marie, la foule entière fléchit les genoux ; tout Oran est aux pieds de la Vierge, demandant son appui, implorant sa pitié. De toutes les poitrines s'échappe le même cri : « N.-D. du Salut, priez pour nous ! » Et les échos de la montagne répètent à la Mère de Dieu la prière de ses enfants. Oran, comme Rachel, ne peut se consoler, car ses fils ne sont plus. Marie ! vous êtes Mère ! comprenez sa douleur, vous aussi vous avez vu mourir votre enfant. Que les cieux versent enfin leur rosée féconde et chassent le terrible fléau qui nous décime depuis si longtemps !

Instant solennel : Marie se laissera-t-elle toucher ? Dieu exaucera-t-il nos prières ? Entendrons-nous la voix des chœurs célestes répondre à nos tristesses par un chant d'espérance et l'ange exterminateur remettra-t-il au fourreau son glaive ensanglanté ?

La prière a cessé, mais les mains restent tendues vers le ciel. Un silence plein d'anxiété règne au sein de la foule : elle attend... Les anges n'ont point chanté ! le ciel n'a pas répondu à la terre... A un signal donné, on se lève, la procession reprend lentement sa marche, s'arrachant avec peine à ce lieu témoin de si ardentes supplications. Comme Adam, au sortir de l'Eden, jetait avec tristesse un long regard derrière lui, ainsi, dans ce retour, combien jetaient encore vers le ciel un regard inquiet ! Il semble, à cet instant, que la prière s'échappe des cœurs moins ardente, l'espérance qui la soutenait paraît avoir fléchi ; au lieu de s'élever vers le ciel, les bras retombent découragés vers la terre !

Pourquoi tremblez-vous, hommes de peu de foi ? Comme Moïse au rocher de la contradiction, ne com-

promettez pas votre cause par une hésitation coupable.
Dieu connaît vos douleurs, il a vu votre confiance et
entendu vos gémissements, Marie a uni ses supplications aux vôtres, que craignez-vous ? Ecoutez !

Jadis, aussitôt après sa prière, le prophète Elie
entendit dans le lointain la marche mystérieuse des
nuages accourant à sa voix pour féconder la terre.
Entendez, vous aussi, dans les profondeurs des cieux
la pluie qui, docile à l'ordre du Seigneur, accourt rapide
pour assainir Oran et chasser le fléau. A peine, en
effet, l'immense cortège s'est-il remis en marche qu'elle
fait son apparition et tombe bientôt avec abondance.

Un jour, au rivage de Galilée, le divin Maître touché
de la confiance du lépreux lui avait dit : « Levez-vous,
allez en paix, votre foi vous a sauvé. » A la prière pleine
de confiance de notre ville en deuil, Dieu répondait de
même : Votre foi vous a sauvés. Il accordait le miracle
tant désiré et Marie en son nom arrêtait le fléau en lui
disant : Tu n'iras pas plus loin.

La foule rentra dans l'église, l'espoir au cœur, le chant
de la reconnaissance sur les lèvres : Gloire à Dieu qui
a visité son peuple ! Il a dit et au souffle fécond de sa
parole les eaux se sont répandues sur la terre : *flabit
spiritus ejus et fluent aquæ*. Gloire à Dieu, amour et
reconnaissance à sa divine Mère ! Les liens d'une éternelle reconnaissance uniront désormais Oran à Marie.

Ce n'était point d'ailleurs la première fois qu'aux
jours de deuil la Reine du ciel intervenait en faveur de
notre cité. Elle l'avait déjà fait, d'une manière vraiment
providentielle en 1790, au moment même où les 22 se-
cousses consécutives du tremblement de terre, du 8 au
9 octobre, portant la terreur à son comble, ensevelis-

saient sous les décombres 3,000 victimes et consommaient la ruine de la ville.

Pendant cette nuit terrible, le Très Saint-Sacrement était exposé dans l'église des Dominicains à cause de la neuvaine du Rosaire. Dans une des convulsions du sol, l'édifice tout entier s'écroula et une statue de Notre-Dame suivit, dans leur chute, les murs qui la portaient. Mais en tombant elle demeura dans l'attitude suppliante d'une mère qui intercède pour ses enfants, le visage tourné vers le trône où rayonnait l'Eucharistie. C'est à l'intervention de la Reine du ciel que les survivants de cette nuit affreuse attribuèrent unanimement de n'être point devenus les esclaves des Turcs, après avoir été les victimes des convulsions de la nature.

A l'époque du choléra de 1849, il existait encore à Oran quelques anciens ayant assisté aux scènes d'horreur de 1790. Témoins de l'évènement miraculeux dont nous parlons, ils en attestaient l'authenticité. Nous en avons du reste une preuve irrécusable dans le rapport adressé au roi d'Espagne, Charles IV, par le comte de Cumbre Hermosa, au sujet de cette épouvantable catastrophe qui marqua la fin de la domination espagnole sur les côtes barbaresques.

Nous lisons en effet dans ce rapport dont l'original se trouve dans les archives de la bibliothèque royale de Valence où il est inscrit sous le numéro 20137: « Le Seigneur infiniment miséricordieux eut pitié de nos malheurs. Fléchi par l'intercession de sa très sainte Mère la Vierge du Rosaire — dont la statue était tombée parmi les ruines de l'église, le visage tourné vers le trône où était exposé le Saint-Sacrement à cause de la neuvaine — Dieu permit qu'au milieu d'un si grand châtiment nous ne fussions pas entièrement désarmés et que nous pussions nous soustraire à l'esclavage, notre seule alternative, avec la mort que nous recélions dans nos murs. »

La pluie obtenue du ciel tomba longtemps et abondamment, rafraîchissant le sol et purifiant l'air saturé de miasmes. L'état sanitaire devint aussitôt meilleur ; dès le lendemain le nombre des morts baissa sensiblement, et en quelques jours le chiffre des décès redescendit presque au niveau où il était avant l'épidémie.

Afin d'apprécier comme il convient la grandeur du bienfait obtenu de la miséricorde divine, par l'intercession de Marie, et la gravité de l'épidémie qui avait décimé la ville, il sera bon, avant de clore ce sujet si douloureux, de rechercher et d'indiquer le nombre des victimes moissonnées par le fléau.

Si l'on jette un coup d'œil sur les archives de l'état civil d'Oran, les registres mortuaires de 1849 attirent aussitôt le regard. On est frappé de la différence qu'ils présentent avec ceux des autres années, et rien qu'à les voir on pressent la triste découverte que l'on va faire. Nous avons parcouru un à un les feuillets de ces tables funèbres ; plus d'une fois nous avons senti notre cœur se serrer et des larmes monter à nos yeux.

Voici le résultat de nos investigations. Du 11 octobre au 17 novembre 1849, *mil huit cent dix-sept* décès ont été déclarés et enregistrés à l'état civil d'Oran. Ce ne sont pas les seules victimes qui succombèrent dans ce court laps de temps. Les notes mises en marge de certains actes mentionnent de nombreuses réclamations, preuves évidentes que plus d'un malheureux enlevé précipitamment n'a pas eu son décès enregistré, ou que les renseignements recueillis à la hâte pour rédiger les actes ont été égarés. La chose se comprend très bien, étant donnés la violence de l'épidémie, le grand nombre de décès quotidiens, l'affolement et le désarroi qui en résultaient.

Quoi qu'il en soit, les chiffres que nous venons de citer disent plus éloquemment que tous les discours combien terrible avait été le passage de l'épidémie et combien justement on pouvait appliquer au choléra de 1849 la parole du chroniqueur de la peste de 1518, affirmant « que la ville avait été plus éprouvée par son court passage qu'elle ne l'eût été par la plus sanglante bataille. »

De semblables fléaux délivrez-nous, Seigneur, et à ceux qui tombèrent en ces jours de deuil accordez le repos et la paix !

CHAPITRE V.

Construction de la Chapelle

Délivré du fléau, Oran n'oublia point sa toute-puissante libératrice. La pensée émise par le général Pélissier de placer, sur un des plateaux du pic d'*Aïdour*, la statue de Marie et de perpétuer par l'érection d'une chapelle le souvenir du secours obtenu d'en haut, était devenue celle de toute la population. Disons mieux, la réalisation de ce projet était regardée par tous comme le paiement d'une dette sacrée. Mgr Pavy l'approuva hautement, le bénit de tout cœur et voulut être le premier à inscrire son nom dans les listes destinées à recevoir les offrandes des fidèles. Lui même, dans ses œuvres en l'honneur de Marie, après avoir parlé de sa visite à Oran, ajoute qu'il s'engagea à bénir et inaugurer la chapelle aussitôt sa construction terminée. Nous verrons qu'il tint parole.

Quelques jours après le départ de Monseigneur, un avis parut dans les journaux de la ville, annonçant officiellement aux fidèles qu'Oran voulait tenir sa promesse à la Reine du ciel. Sous le titre « Communiqué » nous lisons, en effet, dans l'*Echo d'Oran* du 28 novembre 1849, la note suivante :

La délivrance toute *providentielle* de la cruelle épidémie qui vient de décimer la ville d'Oran a fait naître la pensée d'ériger un monument commémoratif de ce bienfait en l'honneur de N.-D. du Salut. Une Commission s'est formée spontanément pour donner suite à ce projet religieux. Elle doit se transporter jeudi prochain sur la montagne Santa-Cruz pour choisir l'emplacement du sanctuaire projeté. Des listes de souscription pour recevoir le chiffre des offrandes destinées à l'érection du pieux monument sont déjà ouvertes dans toutes les églises et chapelles de la ville. Le public religieux recevra prochainement de plus amples informations sur la mise à exécution du projet. *(Communiqué, Echo d'Oran 28 novembre 1849.)*

Disons tout d'abord quels étaient les Membres de cette Commission. Nous avons retrouvé leurs noms, dans un document dont nous parlerons tout à l'heure. C'étaient le général Pélissier, le Préfet d'Oran, Vte Garbé, Renaud-Lebon, maire de la ville ; de Lormel, conseiller de préfecture, secrétaire général ; Drouet, curé de Saint-Louis ; Salmon, curé de Saint-André ; Pascalin, supérieur des prêtres auxiliaires ; Dupont, architecte des Bâtiments civils ; de Montigny, membre du Conseil de fabrique de Saint-Louis ; Bartholi, président du Conseil de fabrique de Saint-André ; Cousinard, secrétaire de la mairie. La présidence fut offerte à Pélissier qui l'accepta. M. le Préfet fût vice-président, M. Cousinard, secrétaire, et M. de Lormel, trésorier.

Ainsi qu'on l'avait annoncé, le jeudi 29 novembre, les Membres de la Commission parcoururent la montagne pour choisir l'emplacement le plus favorable à l'érection de la chapelle. A moitié chemin, entre le fort Saint-Grégoire et celui de Santa-Cruz, une pointe de rocher leur parut toute désignée. Dominant la ville entière, la chapelle serait là facilement aperçue de tous les quartiers ; aucune anfractuosité de la montagne ne la masquerait aux regards. elle se profilerait, au contraire, nettement sur le ciel, et par sa position ne gênerait en rien les ouvrages de défense situés au-dessus et au-dessous d'elle.

Quelques Membres cependant auraient préféré qu'on l'érigeât sur un petit plateau situé en arrière, il y aurait eu plus d'espace, partant plus de facilité pour construire. L'avantage et l'économie qui en seraient résultés auraient donné lieu à un très sérieux inconvénient. La chapelle ne se fût pas détachée de la montagne, elle eût paru faire corps avec elle, et aurait échappé aux regards qu'elle n'eût point frappés au premier abord.

Il est un fait peu connu, se rattachant à l'emplacement qui nous occupe et que nous croyons utile de relater ici, il le mérite. Bien avant que le choléra fît son apparition à Oran, Mère Sainte-Eugénie, dont nous avons parlé au cours de notre récit, aimait à gravir la montagne de Santa-Cruz ; elle y menait souvent ses élèves et ses Sœurs. L'endroit que la majorité de la Commission exécutive voulait choisir pour le futur monument, lui était particulièrement cher : c'était le but favori de ses promenades. Depuis longtemps son esprit et son cœur nourrissaient le projet d'ériger en cet endroit un petit oratoire et une statue à la Reine du ciel. Elle se plaisait à dire qu'en Algérie il fallait, comme on le fait en France, préposer la Sainte Vierge à la garde de nos cités. Elle-même avait creusé dans la pierre une petite niche et y avait placé une statuette de Marie aux pieds de laquelle elle amenait prier les enfants. Lorsque la mort vint la frapper, dans l'entretien suprême qu'elle eut avec le vénéré P. Pascalin, Mère Sainte-Eugénie lui rappela son pieux dessein, lui demandant de lui prêter tout son appui afin de le réaliser. Les Membres de la Commission ignoraient alors ces détails : il semble que du haut du ciel cette belle âme avait fait passer dans leur esprit ses pensées les plus chères et les guidait elle-même dans le choix de l'emplacement du sanctuaire.

Après un sérieux examen, la Commission tomba d'accord. Le général Pélissier fit aussitôt planter les jalons destinés à indiquer l'endroit choisi et se chargea d'applanir les difficultés qui viendraient faire obstacle à l'érection de la chapelle. Elles auraient pu être nombreuses. Le terrain appartenait au Génie et était situé entre deux ouvrages importants des fortifications : la construction nouvelle ne pourrait-elle pas les gêner en certains cas ?

Grâce à l'intervention du général, les objections furent réfutées, toutes les difficultés s'applanirent, l'autorisation de construire fut accordée. Une décision du Ministre de la Guerre, en date du 20 janvier 1850, affecta au culte catholique un terrain de 500 mètres carrés situé entre le fort Santa Cruz et le fort Saint Grégoire.

Pendant que ces préliminaires se discutaient, la Commission n'était pas restée oisive. Elle avait délégué ses pouvoirs à MM. Drouet et Salmon et au P. Pascalin, qui lancèrent aussitôt un appel aux catholiques de la ville d'Oran. Nous avons été assez heureux pour retrouver un exemplaire de cette proclamation. Elle est datée du 10 décembre 1849 et porte à sa première page une gravure représentant la chapelle projetée. Ce n'est pas sans émotion, on le comprendra facilement, que nous avons revu cette image du monument élevé par nos pères, tel qu'il était avant l'érection de la tour que Mgr Callot fit construire plus tard. Nous transcrivons ici ce document précieux pour l'histoire qui nous occupe, avec le regret de ne pouvoir mettre sous les yeux de nos lecteurs la reproduction de la chapelle elle-même.

Catholiques de la ville d'Oran,

C'est prévenir votre désir que de vous proposer d'ériger une chapelle commémorative du jour heureux (1 novembre 1849), où Marie, voyant son image portée en triomphe au sein de notre cité, suivie de la multitude des fidèles, nous obtint du ciel cette pluie bienfaisante qui, changeant tout-à-coup l'état de l'atmosphère, força le fléau destructeur à diminuer sensiblement ses ravages.

On vous l'a dit et vous le savez déjà, la plus grande partie des édifices religieux qui dominent les villes de notre France et de l'univers chrétien ont pour origine une faveur céleste dans des moments périlleux. Serions-nous moins reconnaissants, et ne voudrions-nous pas continuer à attirer sur nous cette protection puissante qu'obtiennent les personnes et les lieux consacrés à la Mère des miséricordes ?

Au premier mot qui fut dit de ce projet, Monseigneur l'Évêque d'Alger en accueillit l'idée avec la satisfaction la plus vive, et vous l'avez entendu vous exprimer lui-même l'espoir qu'il concevait de voir, à son retour parmi vous au mois de mars prochain, la chapelle de N.-D. du Salut s'élever déjà sur le versant de la montagne de Santa-Cruz. Une Commission s'est donc formée, spontanément, à l'effet de justifier les espérances de notre premier pasteur et de répondre au zèle des fidèles qui se sont déjà empressés de présenter leur offrande en numéraire.

Mais dans ces temps malheureux, après une année agricole improductive, après une mortalité qui laisse derrière elle tant d'infortunes à secourir, il y aurait peut-être impossibilité pour plusieurs de concourir à cette belle œuvre, si l'on n'accueillait également les offres de travail et de matériaux qui pourraient être faites par ceux n'ayant que leurs bras ou le produit de leur industrie à donner. La Commission s'est rappelé, que c'est moins l'or du souverain et du riche qui a édifié nos grands monuments religieux, que le zèle de chacun à venir contribuer de lui-même à ces incalculables travaux. Elle a donc décidé que, non seulement les sommes d'argent, mais encore les matériaux utiles à la construction de la chapelle, les journées de transport et de travail manuel, seraient reçus avec gratitude. Ces fournitures et ces travaux feront figurer le donataire sur la liste de souscription, laquelle liste sera, conformément à la décision de la Commission, transcrite sur un tableau fixé à toujours aux murailles intérieures de l'édifice, de telle sorte que N.-D. du Salut se rappelle plus particulièrement, s'il est permis de s'exprimer ainsi, les fondateurs de sa chapelle.

Immédiatement après l'inauguration de ce sanctuaire, une neuvaine de Messes sera célébrée pour les bienfaiteurs et les fondateurs, par les Membres du Clergé d'Oran. En portant vous-mêmes votre offrande, excitez aussi autour de vous vos amis à concourir à l'œuvre pieuse ; mais parlez-en surtout à vos parents de France, d'Espagne et d'Italie. Quelle n'a pas été leur perplexité en apprenant pendant deux mois, par chaque courrier, que vous étiez sous le coup de l'épouvantable épidémie ? Qui, parmi eux, ne voudra pas reconnaître le bienfait de votre conservation en aidant à la construction et à l'ornementation de la chapelle de N.-D. du Salut ?

Cette proclamation aux catholiques de notre ville était signée par les deux Curés des paroisses existant alors à Oran et par le P. Pascalin, délégués. Elle indiquait également aux fidèles les noms de tous ceux qui composaient la Commission exécutive. Nous ne les répéterons pas, les ayant déjà donnés plus haut.

On se mit aussitôt à l'œuvre ; M. Dupont, architecte

des Bâtiments civils, fut chargé de préparer un projet
et d'en dresser le devis. Que voulait-on ? Un modeste
oratoire, sans prétention de style ou d'architecture,
capable cependant de braver les intempéries des saisons,
de résister au temps, permettant de célébrer le Saint-
Sacrifice et de satisfaire la piété des fidèles. Que voulait-
on encore ? Voir rayonner au front du nouveau sanctuaire l'image de Celle que la reconnaissance avait
établie à tout jamais la gardienne et la protectrice de
la cité.

S'inspirant de ces pensées et de ces désirs, M. Dupont
établit un projet qu'il soumit à la Commission. Le corps
de la chapelle est encore celui qui existe de nos jours,
mais dans le plan primitif il était surmonté d'un petit
édicule arrondi destiné à servir de clocher et se terminait par une croix. A la place de la tour actuelle
existait un péristyle, flanqué de chaque côté d'une
petite esplanade couverte, permettant d'abriter les
pèlerins et aboutissant à deux escaliers. La façade du
portique était terminée par une niche destinée à recevoir la statue de N.-D. du Salut. C'était simple et solide.

Nous ne ferons au projet accepté par la Commission
qu'un seul reproche, celui de ne pas avoir prévu l'avenir
et donné à la chapelle une ampleur qui eût permis aux
pieuses manifestations de s'y dérouler à l'aise. Nous
n'aurions pas à déplorer aujourd'hui cette exiguïté qui
rend sinon impossibles du moins très difficiles des
pèlerinages nombreux, et nous ne serions pas
forcés de reprendre l'œuvre de nos pères pour lui
donner l'extension que réclame la piété des fidèles.
Quoi qu'il en soit de nos critiques tardives, la Commission adopta le plan présenté par M. Dupont et l'ordre
fut donné de commencer les travaux. Mais alors une

difficulté se présenta à laquelle on n'avait pas tout d'abord attaché une grande importance.

Déjà, quand don Alvarez de Bazan y Selva, marquis de Santa-Cruz, fit construire le fort qui porte son nom, les Espagnols, selon une tradition arabe, étaient sur le point d'abandonner leur projet à cause de l'impossibilité de transporter, à une hauteur aussi considérable, l'eau nécessaire à la confection du mortier, quand le Cheick des Hamiam leur procura toutes les outres de sa tribu. Par ce moyen, l'eau fut montée à dos d'hommes au sommet du pic d'*Afdour*. On allait se heurter pour la chapelle à la même difficulté. Ce n'était plus le temps où les Chefs arabes mettaient à la disposition de leurs vainqueurs ou de leurs alliés tout ce qui leur était nécessaire. Il fallut tout d'abord tracer, puis exécuter un sentier contournant le flanc de la montagne. Grâce à ses nombreux lacets, l'escarpement devenait accessible.

La Commission, nous l'avons vu plus haut, avait fait appel à la bonne volonté de tous, des pauvres comme des riches. De ceux qui ne pouvaient prendre sur leur nécessaire une obole, elle avait sollicité des journées de travail volontaire. Cet appel fut entendu et on l'utilisa surtout pour l'exécution du chemin qui devait permettre aux matériaux d'arriver à pied d'œuvre. Dès les premiers jours, de nombreux ouvriers se présentèrent, préparant la mine, arrachant les roches, adoucissant les pentes, rapportant les terres, en un mot, rendant accessibles les abords du futur chantier.

Le P. Pascalin se constitua surveillant général des travaux, stimulant le zèle de tous, apportant à chacun une bonne parole et un encouragement. Quand sa présence n'était plus nécessaire sur les chantiers de

la montagne, il parcourait la ville allant de maison en
maison demander à la générosité des uns, à la reconnaissance des autres, les ressources indispensables
pour mener rapidement à bien l'œuvre commencée.

Afin de ne pas se laisser se perdre dans l'oubli la
figure du P. Pascalin, si populaire parmi les vieux
Oranais, qu'on nous permette de consigner ici quelques
lignes à sa mémoire.

Ouvrier de la première heure, il se prodigua avec un
zèle vraiment apostolique, à Saint-Louis d'abord, puis à
Saint-André, où il exerça son ministère jusqu'au jour de
l'érection de la paroisse.

Son zèle franchit les murailles de la ville, et alla
s'exercer sur le plateau de Karguentah, situé au delà
des remparts existant alors et séparé du reste de la
cité par un ravin aujourd'hui comblé, sur lequel est
bâti un des plus beaux quartiers du nouvel Oran. Ce
faubourg commençait à peine et ne présentait comme
agglomération qu'un petit nombre de maisons cons-
truites à l'entour des casernes. Le reste de la population pourtant nombreuse était disséminé un peu au
hasard des intérêts de chacun, dans l'immense espace
qui en dehors des murs n'avait d'autres limites que
l'horizon. Il n'y avait ni église ni presbytère. Quand
éclata l'épidémie de 1849, le P. Pascalin avait déjà ins-
tallé une église.

Le choléra sévit avec violence dans ces quartiers
pauvres laissant encore tant à désirer au point de vue
de l'hygiène. La mortalité fut grande, plus nombreux
encore furent les malades. Le zèle du P. Pascalin fut
ce qu'il avait toujours été, ardent, infatigable. Sans se
laisser arrêter par la crainte de la contagion, elle ne
pouvait avoir prise sur cette âme apostolique, où par

l'insécurité grande encore en ces temps voisins de la conquête, la nuit et le jour il allait et venait dans ces immenses espaces, visitant les fermes et les maisons les plus isolées.

Ce dévouement le rendit si populaire que plus de vingt ans après, alors que nous étions vicaire dans la paroisse qu'il avait fondée, son nom revenait à chaque instant sur les lèvres de ceux qui l'avaient connu, preuve irrécusable que sa mémoire était restée dans tous les cœurs. Infatigable pendant l'épidémie, il le fut également pendant la construction de la chapelle, à laquelle il consacra toute son énergie et tout son zèle. Dieu lui accorda la joie d'en voir l'achèvement et la bénédiction. On peut dire de lui qu'il passa, comme le divin Maître, en *faisant le bien*. Son nom, attaché à toutes nos œuvres oranaises, à toutes nos paroisses, ne devait point passer inaperçu dans cette notice sur le Pèlerinage de N.-D. du Salut, auquel il avait tant contribué.

Grâce à la reconnaissance de tous ceux que Marie avait arrachés à la mort, la souscription ouverte pour l'érection de la chapelle triompha des difficultés qu'elle devait rencontrer. L'épidémie avait laissé après elle une profonde misère ; malgré cela les listes se remplirent rapidement, et la Commission eut pour propager son œuvre autant d'apôtres que de souscripteurs apportant leurs offrandes.

Quand on aime rien ne coûte, et le cœur sait aller jusqu'à l'héroïsme dans les sacrifices qu'il accepte pour témoigner sa reconnaissance et son amour. Que de fois en ces jours ne vit-on pas se réaliser ces paroles du livre de l'Imitation ! Combien en effet parmi les survivants de la terrible épidémie donnèrent, pour

4

acquitter leur dette envers N. D. du Salut, une obole prélevée sur leur pauvreté et sur leur dénuement. Si les hommes n'ont pas eu à enregistrer ces sacrifices, les anges qui en furent témoins les ont inscrits au livre d'or des éternelles récompenses, et Dieu a permis pour notre édification que quelques-uns d'entre eux échappent à l'oubli.

Une des zélées coopératrices du P. Pascalin, dans une des courses qu'elle faisait à travers la ville pour recueillir des offrandes, rencontra un pauvre ouvrier. Elle n'aurait jamais eu la pensée, nous affirmait-elle, de lui demander une offrande si modeste qu'elle fût. « Madame, lui dit cet homme en l'arrêtant, vous quêtez pour la Sainte-Vierge ? » En effet, mais mon pauvre ami, vous ne pouvez rien donner, priez la bonne Mère de bénir mes efforts. « Je n'ai rien, il est vrai, reprit l'ouvrier, mais attendez... » Quittant son interlocutrice, il s'approche d'un passant et, lui tendant la main : « Monsieur, ajouta-t-il, faites-moi la charité afin que je puisse moi aussi donner pour la Sainte Vierge ! » Se retournant ensuite vers la quêteuse toute émue, il lui remit l'obole qu'il venait de recevoir.

Un autre jour, ce fut une pauvre femme qui, la voyant quêter, vint à elle et, lui offrant une modeste pièce de dix centimes : « Tenez, Madame, je n'ai que celle-là, je vous la donne. J'allais chercher un peu de lait pour ma fille ; elle s'en passera, mais la Sainte Vierge nous bénira ! »

Si l'histoire de cette époque lointaine avait été écrite vingt ans plus tôt il eût été facile de retrouver et de conserver pour l'édification de nos lecteurs un grand nombre de traits semblables à ceux que nous venons de reproduire. Mais le temps a fait son œuvre, aujourd'hui, bien rares sont parmi nous les survivants de ces jours terribles. Il en existe cependant, et c'est de leur bouche que nous avons recueilli le peu que nous savons. Nous avons tenu à le reproduire dans ses moindres détails empreints d'une simplicité si touchante, bien assuré que nos lecteurs ne les trouveront point puérils. Seuls, ceux qui ne savent plus comprendre les grandeurs de la foi pourraient nous en faire un reproche.

Malgré les cinquante ans écoulés depuis qu'ils se sont produits, ces faits parlent encore au cœur ; en nous les racontant, notre vénérable narratrice laissait voir une émotion profonde que nous avons bien vite partagée. Ils nous montrent aussi combien grande était la reconnaissance de tous envers Marie et nous font aisément comprendre pourquoi l'appel de la Commission fut si vite entendu. En quelques jours en effet la souscription produisit une vingtaine de mille francs.

Lorsque le sentier fut tracé et la montagne abordable, la première pierre reçut, avec les bénédictions de l'Église, les documents commémoratifs de cette cérémonie.

On se mit rapidement à l'œuvre, car il n'y avait pas de temps à perdre. La tournée pastorale avait été annoncée pour le printemps prochain. Chacun rivalisa d'ardeur et de dévouement, ce qui permit d'accélérer les travaux. Lorsque Mgr Pavy dut venir au mois de mai 1850, Oran avait tenu sa promesse : le nouveau sanctuaire n'était point encore complètement terminé, mais il se dressait sur la montagne. Sa Grandeur pouvait songer à le bénir et il était possible d'y placer déjà l'image de N.-D. du Salut.

CHAPITRE VI

Bénédiction et Inauguration de la Chapelle

Le 9 mai 1850 fut pour Oran un beau jour : à la grande solennité de l'Ascension s'ajoutait pour la ville une autre cause d'allégresse. L'heure était venue où la reconnaissance allait pouvoir se donner un libre essor, et où Marie, après une marche triomphale, allait prendre possession du nouveau sanctuaire que l'amour lui avait préparé. Pour nous se réalisait la parole prophétique d'Isaïe : « Dans les temps reculés, il y aura un sommet préparé pour être la maison du Très-Haut à la cime des montagnes, il sera élevé au-dessus des collines environnantes et les nations viendront à lui, disant : Venez, allons sur la montagne du Seigneur et il nous enseignera nos voies. »

Les vêpres pontificales s'achevaient : étincelante d'or et de lumière, l'image de N.-D. du Salut, don magnifique d'une âme généreuse, Madame Léoni, était là sur un trône de gloire, les cloches sonnaient dans toutes les paroisses de la ville et le canon mêlait sa voix puissante à leurs joyeuses volées. La ville entière était réunie autour de l'église Saint-Louis. A l'heure dite, le cortège s'ébranle au chant des hymnes et des cantiques. Comme au 4 novembre 1849, tous tiennent à la main un cierge allumé. Sur un char de triomphe Marie s'avance au milieu d'une foule innombrable, et reprend avec elle le chemin de la montagne. Ce ne sont plus des chants de tristesse, où les larmes se mêlent aux gémissements ; la joie brille sur tous les visages, c'est l'hymne triomphale de la reconnaissance s'élevant jusqu'aux cieux.

Précédé de tout le Clergé et suivi par les Autorités militaires et civiles, l'Évêque, partageant l'émotion et la joie de son peuple, accompagne la Vierge. Il gravit lentement avec elle le rude sentier qui serpente à travers la colline. Bientôt le char qui porte la Reine du ciel ne peut plus avancer : les mains robustes des Napolitains saisissent avec bonheur le précieux fardeau. Portée par les pêcheurs, la statue de Marie arrive enfin au sommet qui l'attend. Les foules l'y ont précédée.

Quel tableau se déroule sous leurs yeux ! La nature entière semble s'associer à la fête de la reconnaissance et de l'amour. Sur leurs têtes un ciel sans nuages, embaumé des senteurs du printemps ; une brise légère tempère les ardeurs de la saison nouvelle. A leurs pieds, c'est la ville que le silence fait ressembler à un désert ; ses blanches maisons resplendissent aux rayons du soleil couchant, et bien loin, par delà l'immensité des plaines, les cimes du Tessalah, dont les crêtes se dessinent vigoureuses dans l'azur, bornent l'horizon. Plus bas encore et jusqu'à l'infini, endormie dans un calme qu'aucun souffle ne ride, la mer vient expirer sans bruit aux falaises du rivage.

Des groupes nombreux, véritables grapps humaines, sont suspendus à tous les rochers. Au moment où Marie apparaît, de toutes ces lèvres s'échappent d'enthousiastes acclamations, répercutées de collines en collines et portées au loin sur les flots. A la voix du Pontife les bénédictions d'en haut descendent sur le sanctuaire et sur l'image de Celle qu'il établit gardienne de la cité. Puis, dans ce langage vibrant dont son cœur avait le secret, Monseigneur rappelle à la foule les liens qui l'unissent à jamais à Marie. Elle sera là désormais, gardienne de nos demeures, protectrice de nos âmes ; à l'heure des tempêtes elle fera briller l'arc-en-ciel de l'espérance et sa main calmera les flots.

Le Pontife a parlé, l'ombre descend sur la montagne ; les derniers accents de la reconnaissance se sont éteints, le canon se tait, la voix des cloches ne se fait plus entendre ; la foule s'écoule lentement, emportant avec elle les émotions inoubliables de ce jour. Marie ne sera pourtant point seule dans son sanctuaire, les cœurs de tous y sont restés et, désormais, un attrait surnaturel, une force irrésistible, attireront vers l'humble oratoire de N.-D. du Salut tous ceux qui souffrent et tous ceux qui pleurent.

Chaque année, à l'anniversaire de cette prise de possession par Marie de la chapelle de Santa-Cruz, Oran s'en souviendra. Comme la première fois, la ville entière se donnera rendez-vous aux pieds de la montagne, elle en gravira les abrupts sentiers, elle viendra s'agenouiller devant l'image de la Mère de Dieu et lui offrira le tribut empressé de son amour. Quand l'hôte divin de nos tabernacles les aura bénies, ces foules redescendront heureuses, pour revenir encore et toujours au sanctuaire de N.-D. du Salut. Les années succèderont aux années, la ville grandira, les remparts reculeront devant le flot pressé des habitations nouvelles, les témoins du miracle disparaîtront pour faire place à une autre génération, n'importe ! le pèlerinage annuel de Santa-Cruz, loin d'en recevoir une atteinte, attirera chaque année des foules plus nombreuses. A la fête de l'Ascension, elles s'achemineront vers la chapelle, animées de la même confiance et du même amour.

Un jour, au nom de la liberté, Dieu n'aura plus le droit de sortir de son temple et de venir au milieu de ses enfants ; les prêtres de J.-C. ne pourront plus guider vers la montagne les pieux transports de la reconnaissance : ces entraves à la liberté donneront un nouvel essor, une nouvelle vie aux pèlerinages en l'honneur de N.-D. du Salut. Dieu en sera banni, mais au jour de l'Ascension, cinquante ans après le premier pèlerinage, malgré les arrêtés, malgré l'absence du Clergé, bien avant l'aube, tout Oran gravira la montagne, une véritable fourmilière humaine suivra les lacets du chemin et seule la nuit tombante pourra mettre un terme à ces touchantes manifestations.

Revenons au jour inoubliable du 9 mai 1850. Mᵍʳ Pavy en conserva un souvenir ému. On le sent lorsqu'on lit les pages qu'il a consacrées à Marie et à son culte. Citer son témoignage, c'est donner à notre récit une force de vérité que rien ne saurait ébranler. « Ce fut une cérémonie bien touchante, a-t-il écrit de la fête que nous achevons de relater, plus de *dix mille* personnes y assistaient processionnellement avec Nous, bannière en tête, et chantant les litanies de la Vierge, par le rude sentier de la montagne, les autres groupés çà et là sur la pointe des rochers. »

Et ce qu'avait constaté et ressenti le grand Évêque d'Alger tous l'avaient ressenti et constaté. Parlant de la manifestation du 9 mai, le *Courrier d'Oran*, après en avoir raconté ce dont il avait été témoin, ajoutait : « C'était un beau et grand spectacle que de voir cette multitude qui ne comptait pas moins de dix à douze mille personnes courber le front et se mettre sponta-

nément à genoux pour recevoir la bénédiction donnée
par l'Évêque. C'était imposant, sublime, et il n'est pas
donné d'assister deux fois à une pareille cérémonie,
qui puisait toute sa grandeur dans sa simplicité, toute
sa majesté dans une pensée chrétienne. » (*Courrier
d'Oran*, 11 mai 1850.)

La foi et la constance de tous allaient être soumises
à de dures épreuves. Comprenant les conséquences
de l'érection de ce sanctuaire, Satan redoublait
d'efforts pour empêcher l'œuvre d'aboutir.

Après la cérémonie faite par Mgr Pavy, les travaux
de la chapelle avaient continué. Déjà les murs étaient
couronnés par la voûte, et il ne restait plus que des
détails d'ornementation intérieure à terminer, lorsque
le 8 mars 1851, cédant tout à coup sous la poussée, les
murs s'écartèrent et la voûte s'écroula. L'entrepreneur,
M. Tinet, se trouvait sur les lieux : il fut surpris par
l'éboulement et on le retira des décombres, la cuisse
brisée et l'avant-bras fracturé. Trois autres ouvriers
avaient été également atteints ; ils furent transportés
plus ou moins grièvement blessés à l'Hôpital civil.

Il fallut recommencer le travail, on se remit à
l'œuvre avec une nouvelle ardeur.

A quelques jours de là, un évènement plus malheureux encore vint jeter la consternation dans la ville.
Madame Yvonnet, âgée de 77 ans, accompagnée de sa
fille, Madame Cherbonier et de ses enfants, avait gravi
la montagne de Santa-Cruz pour visiter la nouvelle
chapelle. Après avoir satisfait sa pieuse curiosité et sa
dévotion envers Marie, elle redescendait les lacets avec
les siens, qui s'attardaient à ramasser des fleurs, quand
tout à coup elle s'affaissa, mortellement frappée par

une pierre que des enfants s'amusaient à faire rouler le long de la montagne.

La piété des fidèles érigea, à l'endroit même où elle tomba, une croix de fonte sur un piédestal de pierre. Pieuse pensée, fréquente dans les âges de foi, et que nous avons rencontrée avec bonheur en plusieurs endroits de notre province. Mais, hélas ! si nous retrouvons encore, a gauche de l'avant-dernier lacet, un petit socle se détachant sur le roc qui le porte, il y a nombreuses années déjà que la croix a disparu ! Puisse Marie avoir reçu dans l'éternité cette pauvre victime de l'imprudence inconsciente de malheureux enfants, et en échange de sa prière lui avoir obtenu le repos éternel !

L'effondrement de la voûte et d'une partie des murs rendit nécessaire une nouvelle bénédiction de la chapelle. Elle eut lieu le jour de l'Ascension qui, en cette année 1851, tomba le 29 mai.

Cette cérémonie donna lieu à une manifestation qui rivalisa de splendeur avec celle que nous avons décrite précédemment. Mgr Pavy retenu loin d'Oran par l'exercice de son ministère pastoral ne put y assister, mais la reconnaissance conduisit à nouveau la population presque entière aux pieds de N.-D. du Salut.

Voici comment un journal de cette époque relate cette fête.

Le 29 mai dernier, a eu lieu l'inauguration et la bénédiction de la statue de N.-D. du Salut, en même temps que la consécration et l'inauguration de la chapelle de Santa-Cruz au milieu d'un *concours immense* de population. Tout le Clergé, les enfants des différentes Écoles de la ville, les diverses Congrégations Religieuses, les Autorités civiles, entre autres M. le Préfet, le Secrétaire général de la préfecture, plusieurs Membres de la Commission municipale, de nombreux fonctionnaires militaires et civils assistaient à cette solennité. Les musiques du 9ᵐᵉ de Ligne et du 2ᵉ Chasseurs d'Afrique suivaient la procession et ont joué pendant tout le temps qu'a duré la cérémonie. M. l'abbé Comte-Calix, vicaire général de la province d'Oran, officiait. Le spectacle était vraiment *remarquable et imposant*, malgré un temps brumeux. (*Courrier d'Oran*, 31 mai 1851).

L'année précédente, en face de cet admirable concours de tout un peuple accouru aux pieds de la Vierge de Santa-Cruz, le journal que nous citons avait déclaré « qu'il n'était pas donné de contempler deux fois un pareil spectacle »; il put constater lui-même combien ses prévisions avaient été trompeuses. La suite de notre récit achèvera de le démontrer.

DEUXIÈME PARTIE

Développement du Pèlerinage

CHAPITRE PREMIER

Médaille de Santa-Cruz. — Faveurs obtenues. — Brefs des Souverains Pontifes

Les prodigieux effets obtenus déjà en France et en Algérie par la Médaille miraculeuse que M⁑ Dupuch, premier Évêque d'Alger, avait propagée avec tant de zèle sur notre terre d'Afrique, firent naître la pensée d'en faire graver une en mémoire de la puissante intervention de Marie parmi nous. N'était-ce pas le meilleur moyen de populariser davantage la dévotion à N.-D. du Salut, en perpétuant le souvenir du miracle obtenu ?

La Médaille fut frappée et se répandit très promptement dans nos familles oranaises. Nous avons pu en retrouver une, datant de cette époque mémorable, nous en donnons la description. Sur une des faces elle porte une Vierge immaculée, semblable à celle de la Médaille miraculeuse, les mains sont abaissées vers la terre, mais elles n'ont point de rayons. En exergue on lit l'invocation suivante : Marie Immaculée, protégez-nous ! Sur le revers est gravée la montagne avec la chapelle ; tout autour l'inscription : N.-D. du Salut à Santa-Cruz, et au-dessous une date et un nom : 1849, Oran.

Le pèlerinage était fondé, et chaque année devait en ramener le solennel anniversaire. Mais si tout avait dû se borner à l'érection d'un oratoire, à la bénédiction de l'image de Marie, à cette fête annuelle, cela eût sans doute prouvé la reconnaissance de la ville d'Oran à la Reine du ciel, mais n'expliquerait pas suffisamment la dévotion à N.-D. du Salut telle qu'elle existe et serait loin de justifier l'appel que nous adressons aujourd'hui à tous les catholiques d'Oran pour célébrer solennellement les noces d'or de cette première manifestation.

Nous l'avons dit, semblables aux flots qui viennent tour à tour expirer sur le rivage, depuis cinquante ans les générations sont venues nombreuses expirer au rivage de l'éternité, et si les seuls témoins du miracle de 1819 devaient rendre grâce à Marie de sa puissante intercession, combien peu répondraient à notre appel ? Mais ce ne sont pas ceux-là seulement qui ont le devoir de célébrer cet anniversaire béni, d'autres ont éprouvé la puissance et la protection de la Reine du ciel.

Les foules ont succédé aux foules, revenant toujours à ses pieds, pourquoi ? Parce que dans la suite des âges Marie a répandu sur elles de nouveaux bienfaits. Parce que, instruits par le passé, tous ceux qui ont souffert, tous ceux qui ont pleuré, au jour où ils se virent dénués de tout secours humain, ont imploré Celle que la reconnaissance de leurs devanciers a nommée N.-D. du Salut et ont ressenti la puissance de son bras.

A cinquante ans d'intervalle, il est impossible de rappeler chacun des traits de sa surnaturelle intervention, d'énumérer toutes les grâces obtenues ; mais à ceux qui nous demanderaient les causes de ce concours incessant de prières, les raisons de ce pèlerinage de tous les jours, de ces promesses partant de tous les points de la province, nous répondrons comme jadis J.-C. aux disciples du précurseur : « Les sourds entendent, les boiteux marchent, les lépreux sont guéris. » C'est que placée à Santa-Cruz, pour être la protectrice de notre cité, Marie n'a jamais trompé la confiance de ses enfants.

Gravissez la montagne, entrez dans la chapelle, regardez les murs. Ces béquilles nombreuses suspendues à l'entour, ces plaques commémoratives, ces tableaux, ces images, ces naïfs témoignages de la reconnaissance et de la prière exaucée, vous rappellent d'une manière irrécusable qu'à notre époque comme au jour de la vie mortelle du Fils de Dieu il a été dit au paralytique : Lève-toi et marche ; au lépreux : Je le veux, soyez guéri. Aujourd'hui comme alors une main compatissante a soulagé toutes les infortunes, séché toutes les larmes, consolé toutes les douleurs, arraché à la mort ses victimes, rendu l'époux à l'épouse, la mère à l'enfant et l'enfant à sa mère. En un mot, à la voix de Marie, comme jadis à celle de son divin Fils, les vents ont obéi, les flots se sont calmés, elle a été vraiment pour tous la Mère du salut.

En 1858, neuf ans après les évènements qui ont donné lieu au pèlerinage de Santa-Cruz, a été dressée une pièce que nous avons retrouvée, preuve péremptoire de ce que nous relatons ici. C'est un inventaire des objets appartenant à la chapelle de la montagne, établi par M. l'abbé Dencausse. Nous y trouvons mentionné un certain nombre de bijoux offerts en *ex-voto* à N.-D. du Salut et suspendus dans son sanctuaire.

« A signaler au milieu d'une multitude d'objets sans

valeur, trois médaillons en or avec leurs chaînes, deux chaines en or avec des croix en corail, cinq bagues en or, cinq grands cœurs en argent, un plat, un bracelet, etc. » Tous ces objets ont disparu à la suite des vols dont la chapelle de N.-D. du Salut a été victime, mais l'inventaire de l'abbé Dencausse sera pour nos lecteurs la preuve que, lorsque nous avons affirmé les bienfaits nombreux obtenus de Marie à Santa-Cruz, nous n'avons rien exagéré.

En outre, dans les notes que M. Ferron-Lagriffe, curé de Saint-Louis, a laissées pour servir à l'histoire de sa paroisse, nous lisons ce qui suit : « Nous avons le bonheur d'attester que le pèlerinage de Santa-Cruz est bien fréquenté, que les prêtres des différentes paroisses y montent souvent pour célébrer le Saint Sacrifice que les fidèles demandent. »

Mis au courant de ces événements, les Souverains Pontifes, afin d'encourager et de développer la dévotion des fidèles envers N.-D. du Salut, ont ouvert en leur faveur les trésors spirituels de l'Église. Dans une supplique qu'il présenta lui-même au Pape Pie IX, Mgr Pavy demandait la concession d'une *indulgence plénière* à gagner dans le nouvel oratoire, à chacune des fêtes de la Sainte Vierge aux conditions ordinaires, et d'une autre de *cent jours* pour tous ceux qui visitant Santa-Cruz y feraient une prière.

Pie IX accueillit favorablement la demande et de sa propre main écrivit au bas de la supplique, *Fiat ut petitur, accordé comme il est demandé.* Rome le 20 mars 1854. Pie IX, Pape.

L'original de cette pièce se trouve dans les archives de l'Évêché d'Oran.

Deux ans plus tard un nouveau Bref du même Pontife

donné à Rome le 8 août 1856 accordait une *indulgence plénière* à gagner une fois le mois au jour à déterminer par l'Ordinaire, à tous les fidèles qui, s'étant confessés, recevraient la sainte communion dans la chapelle de N.-D. du Salut et y prieraient aux intentions de l'Église. Afin que ceux-là mêmes qui, étant dans l'impossibilité de communier, montaient cependant par dévotion au nouveau sanctuaire, ne fussent pas privés de consolations spirituelles, Pie IX leur accordait une indulgence de *sept ans et sept quarantaines*, à la condition d'être contrits de cœur, d'entendre la messe et de prier aux mêmes intentions. Sa bonté paternelle accordait en outre *deux cents jours* d'indulgence à tous les pèlerins qui visiteraient simplement la chapelle et s'y arrêteraient pour adresser à Dieu une prière.

Voici le texte du Bref :

Pie IX, Pape, pour perpétuelle mémoire,

Afin d'augmenter la piété des fidèles et de procurer le salut des âmes, ouvrant les trésors de l'Église ; une fois par mois et à un jour qui sera fixé par l'ordinaire du lieu, nous accordons à tous les fidèles de l'un et l'autre sexe qui vraiment contrits et après une sincère confession communieront dans la chapelle ou oratoire élevé en l'honneur de la Vierge Mère de Dieu, sous le vocable de N.-D. du Salut, sur une montagne voisine de la ville d'Oran, au diocèse d'Alger, une indulgence plénière et une rémission complète de tous leurs péchés ; à la condition que, visitant le dit oratoire ou la dite chapelle, ils y prieront pour la concorde entre les princes chrétiens, l'extirpation des hérésies et le triomphe de notre Sainte Mère l'Église.

A tous ceux qui par dévotion visiteront ce sanctuaire et contrits au moins de cœur, après y avoir prié comme il a été expliqué plus haut, entendront le Saint Sacrifice de la Messe, nous accordons chaque fois une indulgence de sept ans et de sept quarantaines. A ceux qui, sans entendre la Messe, visiteront la chapelle et y

prieront à nos intentions, nous accordons deux cents jours d'indulgence ; nous permettons, en outre, d'appliquer aux âmes des fidèles
qui souffrent dans le purgatoire, toutes ces indulgences, toutes ces
remises de peines dues aux péchés, et par les présentes nous concé-
dons les dites indulgences à perpétuité, nonobstant toute clause
contraire.   Pie, Pape IX.

Le Bref du Souverain Pontife arriva le 22 septembre
à Alger. M⁣ˢʳ Pavy, après l'avoir revêtu de sa signature,
l'envoya à Oran le 29. Par une ordonnance en date
du 27 octobre Sa Grandeur attacha au *premier samedi*
de chaque mois l'indulgence plénière accordée par
le Souverain Pontife. (Registres de la paroisse Saint-
Louis par M. Ferron-Lagriffe.)

Nous, Louis-Antoine-Augustin Pavy, par la grâce de Dieu et
l'autorité du Saint-Siège apostolique, évêque d'Alger,

Après avoir pris connaissance des Lettres apostoliques accordant
une indulgence plénière à tous et à chacun des fidèles qui, à un
jour à déterminer par l'Ordinaire, ayant communié dans l'oratoire public, élevé près de la ville d'Oran en l'honneur de la Vierge
Mère de Dieu, sous le vocable de N.-D. du Salut, y prieront
selon les intentions du Souverain Pontife, nous voulons et ordon-
nons que le premier samedi de chaque mois soit désormais le jour
fixé pour gagner la susdite indulgence plénière, à moins que ce
jour-là ne tombe une fête d'obligation, auquel cas l'indulgence
sera transférée au premier samedi non empêché qui suivra la
célébration de cette fête.

Donné à Oran, sous notre sceau et celui de notre Vicaire général, le cinq des kalendes d'octobre 1850.   Pavy.

Par Mandement de Monseigneur :
Compte-Calix, *vicaire général.*

Pour que les fidèles pussent profiter de ces avantages spirituels, il était nécessaire qu'il leur fût possible
de remplir les conditions imposées et par conséquent
que le Saint Sacrifice de la Messe fût célébré le premier

samedi de chaque mois, puisque tel était le jour déterminé par Mgr Pavy. Le Clergé de Saint-Louis assura dès lors le service, et la Messe fut dite régulièrement ce jour-là à la chapelle de N.-D. du Salut. Combien cet état de choses dura-t-il ? Il nous est impossible de le préciser, mais dans le coutumier de la paroisse Saint-Louis, adressé le 7 janvier 1858 à M. Comte-Calix, vicaire général, coutumier qui se trouve encore à l'Évêché d'Oran, on peut voir qu'à la question posée : « Célèbre-t-on souvent la Sainte Messe à Santa-Cruz ? » l'abbé Dencausse répondait : « A la dévotion des fidèles, mais régulièrement pourtant le premier samedi de chaque mois. »

Depuis longues années cela n'est plus nécessaire, car Mgr Callot chargea M. Preire, archiprêtre de la Cathédrale d'Oran, de présenter au Souverain Pontife une supplique lui demandant d'étendre encore les faveurs accordées déjà par Lui à N.-D. du Salut. Le 3 janvier 1874, Pie IX, de sa propre main, approuva la requête qui lui était présentée et accorda une *indulgence plénière* à tout pèlerin chaque fois que, visitant le sanctuaire de Santa-Cruz, il y communierait et y prierait à ses intentions. En outre, il accorda une indulgence de *300 jours* à toute personne qui apercevant la statue de la Sainte Vierge réciterait un *Pater*, un *Ave Maria* et un *Gloria Patri*.

Très Saint-Père,

Joseph-Adolphe Preire, archiprêtre, curé de la Cathédrale, au nom de Mgr Jean-Baptiste-Irénée Callot, évêque d'Oran, prosterné aux pieds de Votre Sainteté, demande humblement :

1° Une indulgence de 300 jours pour toute personne qui, apercevant la statue de N.-D. du Salut, récitera un *Pater*, un *Ave Maria* et un *Gloria* ;

2° Une indulgence plénière pour tout pèlerin qui visitant le dit sanctuaire y communiera et priera pendant quelque temps, suivant les intentions de Votre Sainteté.

Le Souverain Pontife, de sa propre main, mit au bas de la supplique son approbation en ces termes :

« Troisième jour de janvier 1874, grâce accordée dans la forme habituelle de l'Église. — PIE, Pape IX. »

Le présent rescrit signé de la main de sa Sainteté a été présenté au Secrétariat de la Sacrée Congrégation préposée aux Indulgences et aux Saintes Reliques. En foi de quoi il a été revêtu du sceau de cette même congrégation, le 17 août 1875.

Pour le Substitut absent.

Sous l'influence salutaire des bénédictions d'en haut et des encouragements de l'Église, le pèlerinage de N.-D. du Salut continua à se développer pendant les années qui s'écoulèrent de 1858 à 1870.

CHAPITRE II

Mgr Callot et Santa-Cruz

Les évènements avaient marché emportant dans leur course rapide un grand nombre de ceux qui avaient vu naître et grandir notre œuvre. Mgr Pavy n'était plus, et de son vaste diocèse la voix du Souverain Pontife avait fait sortir deux Évêchés nouveaux. Préconisé Évêque d'Oran le 29 juin 1867, Mgr Jean-Baptiste-Irénée Callot avait voulu prendre possession de son siège le 8 septembre, fête de la Nativité de Marie, et il donna comme patronne à son nouveau diocèse la Vierge Immaculée. Son premier acte, en arrivant dans sa ville épiscopale,

fut de monter à Santa-Cruz pour recommander à N.-D.
du Salut ses projets et ses espérances. Élevé à Lyon aux
pieds du sanctuaire de Fourvières, il avait puisé à cette
source féconde du miracle, un amour et une confiance
sans bornes envers la Reine du ciel. Il n'est donc pas
étonnant que, dès son arrivée sur cette terre d'Afrique,
Santa-Cruz ait attiré tout son cœur. Placée sur la
montagne, la chapelle lui rappelait le sanctuaire qu'il
avait laissé dans la mère-patrie ; il la trouvait bien modeste, mais ce qu'il déplorait par-dessus tout c'était
son insuffisance.

Dès 1870, son plus ardent désir fut d'élever devant
l'ancienne chapelle une tour, au sommet de laquelle,
il placerait une Vierge monumentale, dominant l'infini
de l'horizon et attirant tous les regards. Mais dans sa
pensée, ce n'était là que le prélude de son œuvre : son
dessein était de lui donner un couronnement grandiose
et de remplacer le petit oratoire de 1849 par une église
digne du souvenir qu'elle rappelerait, digne surtout de
Celle à qui elle serait consacrée. Pourquoi une mort trop
prématurée est-elle venue l'empêcher de donner suite
à ses projets et l'enlever avant qu'il eût pu les réaliser ?

Heureux de toutes les occasions qui pouvaient
accroître et propager la dévotion envers la Mère de
Dieu, le 4 novembre 1874, il autorisa les Curés des différentes paroisses de son diocèse à faire participer leurs
paroissiens à l'œuvre, qui, écrivait-il, « s'est pour ainsi
dire spontanément créée à Paris sous le titre de N.-D.
du Salut, vocable de notre chapelle de Santa-Cruz. »
Dans une lettre pastorale nous le voyons gémir de ne
pouvoir consacrer ce sanctuaire. Transcrivons ses
paroles, elles réveillent tous les souvenirs de notre
jeunesse sacerdotale.

Nous voudrions faire une semblable cérémonie dans notre chère
et précieuse chapelle de N.-D. du Salut à Santa-Cruz; mais elle
ne présente pas les conditions requises pour une consécration.
Nous devons ajourner nos désirs et ceux d'un grand nombre de
pieux Oranais jusqu'au moment où la Providence nous offrira les
ressources nécessaires pour un sanctuaire digne de la Vierge
Immaculée, patronne de notre diocèse, après avoir, Dieu aidant,
acquitté la dette contractée pour présenter à tous l'image de Marie
comme un gage de salut, d'espérance et de consolation. (Lettre
pastorale sur la *Consécration des Églises*).

Confiant en la Providence et en l'intervention de la
Reine du ciel, Mgr Callot avait déjà fait l'acquisition
d'une colossale statue de Marie Immaculée. Coulée en
bronze dans le moule de celle qui couronne l'antique
chapelle de Fourvières à Lyon, elle lui coûta *neuf mille
francs*, et, avant de venir en Afrique, elle reçut, à l'ex-
position romaine de 1870, la bénédiction de Notre Saint-
Père le Pape Pie IX. Arrivée longtemps avant que les
projets de Sa Grandeur fussent réalisés, cette statue
que nous voyons maintenant au sommet de la tour de
Santa-Cruz fut placée dans le jardin du Grand-Sémi-
naire. C'est elle qui a présidé aux débuts si pénibles de
cette chère maison, et béni toutes les heureuses
transformations qu'on y admire aujourd'hui. C'est à ses
pieds, que les premières générations sacerdotales de
ce diocèse ont prié et se sont formées; et quand elle
quitta son asile provisoire pour aller enfin prendre
possession de son trône, tous les cœurs se seraient
attristés, si chacun ne s'était souvenu que l'amour
d'une Mère ne connaît pas de distance et que là-haut
elle veillerait encore sur ses enfants.

A la même époque, Mgr Callot chargeait M. Viala de
Sorbier, architecte des Bâtiments départementaux,

de dresser le plan d'une tour devant servir à la fois
de piedestal pour la Vierge, et de clocher pour le
futur sanctuaire qu'il espérait un jour édifier à la place
de la modeste chapelle de 1849. Son amour pour Marie
avait poussé notre premier Évêque à aller de l'avant
sans attendre les ressources nécessaires pour une
pareille entreprise. Il savait cependant qu'il ne faut pas
tenter Dieu, mais aider sa providence. Cent mille francs,
au moins, étaient indispensables, il fallait les trouver.
La statue, nous l'avons dit déjà, avait coûté 9,000 francs ;
la tour exigerait pour sa construction une somme
autrement considérable. Le devis de l'Architecte longue-
ment débattu, avant l'ouverture des soumissions des
deux honorables entrepreneurs appelés à concourir,
s'élevait à 46,700 francs, y compris 2,000 francs d'im-
prévu. L'accès difficile du plateau, des obstacles de
tout genre firent monter la dépense à 72,700 francs.

Monseigneur fit appel à la générosité publique. Dès
le premier jour, il constitua un Comité dont il était
lui-même le président et qui se composait de MM. de
Jupeaux, vice-président ; Rousseau, intendant division-
naire ; Dupré de Saint-Maur ; Carllé, ancien maire d'Oran ;
Servel, colonel du Génie ; Manégat ; Goert, secrétaire ;
Giraud, trésorier. Ce dernier fut chargé de recueillir
les offrandes et de les faire inscrire sur un registre
spécial avec les noms des bienfaiteurs.

Suivant l'exemple donné en 1849, le Comité lança des
listes de souscription avec un chaleureux appel à la
générosité publique. Après un rapide historique de
l'origine de la chapelle, rappelant l'acte de Mgr Callot,
allant, dès son arrivée, se mettre avec son diocèse sous
la protection de N.-D. du Salut, le manifeste ajoutait :

Monseigneur voyait alors mourir autour de lui par suite de la famine cent cinquante mille Arabes ; il devait aider à secourir plus de quinze cents enfants abandonnés, il sentait le besoin d'être protégé par Marie Immaculée, patronne du diocèse d'Oran. Cette protection ne lui a jamais manqué. C'est pourquoi il désire donner à la Mère de Dieu un témoignage de sa reconnaissance, non pas en lui bâtissant encore un sanctuaire, mais en plaçant sa statue au-dessus d'une tour élevée devant la chapelle. Cette image de Marie ainsi placée dominera les deux ports d'Oran et de Mers-el-Kébir, et sera tout d'abord aperçue des voyageurs arrivant par mer, par le chemin de fer ou par une des routes qui sillonnent nos immenses plaines. Grâce à cette œuvre, nous arborerons près du Maroc le vrai drapeau de la France, comme le disait un savant français, M. le baron Thénard, en donnant une première souscription pour N.-D. du Salut. Et la Méditerranée sera de tous côtés protégée par Marie, avec Nuestra Señora de los Desemparados, à Valence (Espagne), N.-D. de la Garde, à Marseille, N.-D. d'Afrique, à Alger, et N.-D. du Salut, à Oran. (Manifeste du Comité.)

Le moment paraissait mal choisi. Épuisée par les épreuves de l'année terrible, et par le paiement de la rançon exigée par un impitoyable vainqueur, la France semblait à bout de ressources, et l'Algérie, quoique ayant échappé aux horreurs de l'invasion, avait, hélas ! ressenti profondément le contre-coup de tant de désastres. Dans cette situation difficile, Monseigneur, pour se procurer les ressources nécessaires, s'efforçait de profiter de toutes les occasions que lui fournissait la providence.

Le 19 mars 1874, fête de saint Joseph, avec le concours gracieux des *Montagnards Béarnais*, de passage dans sa ville épiscopale, il organisa une imposante cérémonie religieuse. Au sermon de circonstance que devait donner M. l'abbé Silvent, prédicateur de la station quadragésimale, fut joint un salut solennel du T. S. Sa-

crement. La ville tout entière accourut. D'un côté, la
renommée des artistes était un attrait puissant : ne
devait-on pas entendre des morceaux de grands maîtres ? D'un autre côté, le but à atteindre n'était-il pas
cher au cœur de tous ? Sa Grandeur bénit avec amour
la foule recueillie, et quand le tabernacle se fut refermé
sur son hôte divin, les *Montagnards* chantèrent l'*Hymne au Créateur*, l'œuvre magistrale de Rolland.

La quête fut abondante. mais par une délicate attention, Mgr Callot en partagea le produit, entre la Reine
du ciel et ses enfants de prédilection, les pauvres
secourus par les Dames de Charité. N'était-ce pas le
plus sûr moyen de réussir dans son entreprise ?

Qui donne aux pauvres prête à Dieu.

Jusqu'au jour où, la tour achevée, il fallut payer les
travaux, les souscriptions à Oran ou en Algérie s'étaient
élevées à la somme de 8,700 francs, la France avait
envoyé 9,800 francs, soit un total de 18,500 francs. Il
restait donc, pour la tour seule, un excédent de dépenses de 50,000 francs. Le Comité, ainsi qu'il le déclare
lui-même dans un exposé de la situation, tint à solder
immédiatement les ouvriers, l'architecte et l'entrepreneur. Celui-ci, nous avons oublié de le mentionner
plus haut, était l'honorable M. Grégoire. Pour payer,
le Comité contracta un emprunt de la somme nécessaire.
Ni la cloche, ni la statue n'étaient comprises dans ces
comptes. Elles furent payées au moyen de ressources
spéciales.

Pour nous libérer, ajoutait le Comité dans son appel du 27 juin 1874,
nous comptons sur la bonne volonté des souscripteurs dont les noms
sont déjà inscrits avec le chiffre de leurs offrandes sur un registre

qui sera conservé aux archives de l'Évêché. Nous comptons encore davantage sur de nouveaux souscripteurs qui voudront bien, à Oran comme en France et spécialement à Marseille et à Lyon, aider une œuvre aussi sympathique et aussi belle que celle de N.-D. de Santa-Cruz. Nos espérances montent même plus haut. La générosité des fidèles et leur empressement à répondre à notre appel, nous permettront de faire, tant sous le rapport de la dimension que sous celui de la décoration, de la chapelle de Santa-Cruz un monument digne de la cité qui l'a construite à la suite d'une effroyable épidémie et de l'illustre Maréchal qui a facilité l'exécution de cet *ex-voto*.

Cet éloquent appel, qui portait les signatures de MM. Giraud et Goert, fut entendu. De nombreux souscripteurs y répondirent. Il fut possible de faire face aux exigences de la situation. Le malheur des temps ne permit pas d'aller plus loin. La tour est là pour nous indiquer la grandeur des plans de Mgr Callot, mais on ne put songer à agrandir la chapelle, on s'est borné à la restaurer.

Comme il en avait exprimé l'intention, l'Évêque d'Oran avait fait entendre sa voix dans la mère-patrie et appelé à son aide sa charité toujours inépuisable. Le P. Monsabré lui prêta, à Paris, le concours de son éloquente parole. Le jour de la Pentecôte, il prêcha dans l'église Sainte-Clotilde en faveur du petit sanctuaire Africain. Le jeudi suivant, 21 mai, Mgr de Sidoine, auxiliaire de Mgr Ginoulhac, présidait, à Lyon, une cérémonie analogue dans l'église Saint-François de Sales. Un éloquent sermon du R. P. Jenner, de la Compagnie de Jésus, fit appel à la charité des Lyonnais en faveur du pèlerinage de N.-D. du Salut. Après lui, Mgr Callot prit la parole, et ayant rappelé l'origine de cette œuvre, il ajouta :

Du haut de son piédestal, Marie se présente comme un signe de salut à tous ceux qui arrivent à Oran. Désormais le navigateur verra un phare du ciel sur les côtes qui en étaient privées depuis Gibraltar jusqu'à N.-D. d'Afrique. J'ai élevé ce monument pour remercier Dieu et sa sainte Mère d'avoir pu soulager quelques-unes des nombreuses victimes de la grande famine de 1868, et arracher à la mort plus de 1,200 enfants. C'est pour couvrir les dépenses de cette tour monumentale et agrandir la modeste chapelle que je fais cet appel à la mère-patrie, et surtout à la piété de Lyon où la reconnaissance rend si généreux pour N.-D. de Fourvières. Lyon qui voudra que sa protection s'étende aussi sur le diocèse Africain d'un Évêque lyonnais.

Ce ne fut pas seulement dans cette circonstance que sa Grandeur éprouva combien grande est la générosité de ses concitoyens lorsqu'il s'agit de la Mère de Dieu. Nous lisons en effet dans l'*Akhbar* du 9 octobre 1873 :

Jeudi dernier, 2 octobre, a eu lieu dans les ateliers de M. Merklin, une séance d'audition des orgues destinées à la Cathédrale d'Oran. M⁰ Callot présidait la réunion, une nombreuse assistance était accourue pour entendre les morceaux que devaient exécuter des artistes tels que Convert, Pinaut et Kaupp, organistes lyonnais, et M. l'abbé Neyrat, maître de Chapelle de la Cathédrale de Lyon. Ces artistes ont fait ressortir la puissance et les richesses harmoniques de l'instrument et l'admiration se partageait entre le talent des musiciens et celui du facteur. Monseigneur l'Évêque d'Oran a pris la parole pour remercier les artistes et comme il entretenait ses auditeurs de sa chapelle de N.-D. du Salut, M. Merklin a eu l'heureuse idée de faire une quête à l'intention de ce petit sanctuaire.

CHAPITRE III

.

Bénédiction de la Cloche et de la Tour

La bénédiction de la première pierre eut lieu le
10 février 1873. C'était la veille du jour où l'Église,
célébrant les miraculeuses apparitions de Marie sur
notre terre de France, met déjà sur les lèvres de ses
enfants ces paroles du Psalmiste : « Aujourd'hui le
Seigneur a tellement glorifié votre nom, qu'il ne peut
s'effacer de la mémoire des hommes. »

Voulant donner à cette cérémonie tout l'éclat possible,
Mgr Callot avait fait de grands préparatifs. Il avait
convoqué le Clergé et les fidèles de la ville épiscopale,
lancé de tous côtés de nombreuses invitations ; mais
le temps contraria ses pieux desseins et arrêta les
foules prêtes à répondre à son appel. On eût dit que
les puits de l'abîme s'étaient ouverts et que tous les
démons s'étaient conjurés pour entraver l'œuvre projetée. Le vent soufflait en tempête. Plus d'une fois on
fut contraint de s'arrêter devant la violence de l'orage.

Malgré les éléments déchaînés la cérémonie eut lieu,
privée sans doute de l'éclat désiré ; mais Marie n'en
prit pas moins à nouveau possession de ce sol. La
pierre qui en contenait l'acte commémoratif fut scellée
en présence des Membres de la Commission et d'un
certain nombre d'invités qui avaient bravé le mauvais
temps. Avec eux se trouvaient le Clergé de la ville, les
Professeurs et les Élèves du Grand Séminaire. Après la

cérémonie tout le monde se réfugia au fort Santa-Cruz où des feux allumés dans les salles voûtées permirent aux assistants de sécher un peu leurs vêtements inondés.

L'année 1873 ne s'acheva point sans que les travaux conduits avec toute la célérité désirable ne fussent terminés et que la tour se dressât devant la chapelle n'attendant que Celle à qui elle devait servir de piédestal et de trône. Dans les premiers jours du mois de décembre, la statue de Marie quittant le Séminaire fut facilement transportée sur la montagne, grâce au concours de l'Autorité militaire.

Sous l'habile direction de M. Viala de Sorbier, et par les soins intelligents de M. Grégoire, entrepreneur, l'érection de cette statue, dont le poids dépasse 5,000 kil., s'effectua sans le moindre accident. Le 6 décembre 1873. Marie Immaculée, de son trône de pierre dominait le grandiose horizon qui se déroulait à ses pieds. On allait pouvoir, le surlendemain, au jour de sa Conception Immaculée, fête patronale du diocèse, illuminer son image bénie et pour la première fois voir à Oran un reflet bien modeste et bien pâle des splendeurs que Lyon prodigue depuis tant d'années à sa toute-puissante protectrice.

Commencée vers les 5 heures et demie du soir, cette illumination durait encore à 10 heures. « Quoique annoncée, dit un journal de l'époque, ce fut une vraie surprise pour la population d'Oran de voir s'embraser ainsi la chapelle Santa-Cruz. La Cathédrale, le Couvent des Trinitaires, l'École libre Notre-Dame, participaient aussi à cette pieuse manifestation. Quelques maisons particulières, une surtout qui domine tout le port, et une seconde près du Collège communal, fournissaient une preuve éclatante de la foi de leurs habitants. Plusieurs bâtiments ancrés dans le port, entre autres le paquebot l'*Oncle Joseph,* capitaine Servia, de la Compagnie Valéry, répondaient aux illuminations de la montagne par les jolis feux de bengale dont ils étaient couverts. »

Pendant ce temps Mgr Callot, avait commandé une cloche qu'il destinait à la tour de Santa-Cruz. Digne de Celle qu'elle devait annoncer, sa voix puissante porterait au loin le nom de N.-D. du Salut.

Par une Lettre Pastorale en date du 28 mai 1874, l'Évêque d'Oran annonça aux fidèles et au Clergé du diocèse que le samedi 4 juillet, après les cérémonies de la clôture de la Retraite pastorale à la Cathédrale, aurait lieu le baptême du bourdon de Santa-Cruz. Madame la maréchale de Mac-Mahon avait bien voulu consentir à être sa marraine, et elle avait désigné Madame la générale Osmont pour la représenter. Le parrain n'était autre que Mgr Ginouilhac, archevêque de Lyon et de Vienne, primat des Gaules. L'éminent Prélat avait accepté l'invitation de l'Évêque d'Oran, afin de resserrer encore les liens qui unissaient la seconde ville de France à notre humble cité. Ne serait-ce point cette cloche qui à l'avenir appellerait à la modeste chapelle, aux pieds de laquelle Oran se développe comme Lyon s'est développé aux pieds de Fourvières, les diocésains de l'ancien Curé du Bon Pasteur, assis après des siècles d'interruption sur l'antique siège épiscopal de *Quiza Xenitana ?* Le primat des Gaules délégua pour le représenter M. l'abbé Durand, chanoine et successeur de Mgr Callot à son ancienne cure de Lyon.

Au jour fixé pour la cérémonie, les cloches de la ville appelèrent au baptême de leur jeune sœur, toute la population. Réunis pour la Retraite ecclésiastique, 80 prêtres remplissaient le chœur de la Cathédrale dont les cinq nefs étaient impuissantes à contenir la foule empressée.

Qu'on nous permette d'emprunter à une feuille de l'époque la description de la future baptisée. Entré par extraordinaire dans une église, avoue son rédacteur, ce qui l'a surtout frappé c'est la cloche elle-même « gracieusement couronnée de roses blanches, vêtue d'une tunique rouge sur laquelle ressortait une aube aux capricieuses arabesques lui donnant un aspect virginal; » elle se dressait auprès du sanctuaire entourée de ses parrain et marraine. — (*Courrier d'Oran*). — Du poids de 1,178 kilos, elle est sortie des célèbres ateliers de la maison Burdin de Lyon et porte en relief sur le bronze, l'inscription suivante :

A N.-D. du Salut le premier Évêque d'Oran, J.-B. Irénée Callot.

Sa Sainteté Pie IX, gouvernant l'Église ; le maréchal de Mac-Mahon la France ; le général Chanzy l'Algérie.

Parrain, Mgr Ginouilhac, archevêque de Lyon, primat des Gaules.

Marraine, Madame Élisabeth-Charlotte-Sophie de Castries, maréchale de Mac-Mahon.

M. l'abbé Durand, François ; Madame Marie, générale Osmont.

Au bas de la cloche se trouvent les armes des différents personnages que nous venons d'énumérer.

Après la Messe Pontificale et une exhortation de M. l'abbé Durand aux prêtres qui terminaient leur Retraite annuelle, Mgr Callot, revêtu de la chape blanche et coiffé de la mitre d'or, procéda à la bénédiction de la cloche. Prenant la parole, il expliqua aux fidèles la mission qu'est appelée à remplir celle qu'il définit « le prolongement de la voix du Pasteur ». A l'appel du

Pontife, les bénédictions d'en haut descendirent sur elle, les onctions saintes la consacrèrent au service de la Mère de Dieu et bientôt la cloche de N.-D. du Salut fit entendre ses premiers sons. Pendant la cérémonie une quête abondante fut faite au profit de la chapelle de Santa-Cruz.

Quelques heures plus tard, notre nouvelle baptisée gravissait la montagne où elle arriva sans accident, et à l'*Angelus* du soir elle jetait aux échos étonnés du pic d'*Aïdour* son premier salut à Marie. Il nous souvient encore de l'émotion qui remplissait les cœurs quand au déclin de ce jour on entendit « son *sol* grave et solennel » dont les puissantes vibrations se répandant sur la ville semblaient descendre des cieux. C'était bien la voix du Seigneur « qui retentit sur les eaux, pleine de force et de majesté, la voix du Tout-Puissant qui brise les cèdres au sommet des montagnes et ébranle le désert, mais c'était aussi la voix qui retentit pleine d'allégresse, symbole de salut pour les enfants des hommes. » (Ps. *28 et 117.*)

Un radieux lendemain devait succéder à ce jour déjà bien cher aux cœurs des enfants de N.-D. du Salut. Si tous n'avaient pu assister au baptême de la cloche de Santa-Cruz, tous pouvaient au soir du 5 juillet prendre le chemin de la montagne, qu'une procession solennelle allait gravir, et assister à un nouveau triomphe de la Reine des cieux.

En même temps qu'il annonçait à ses diocésains la solennité dont nous venons de parler, Mgr Callot, dans sa circulaire du 28 mai, donnait l'ordre de préparer pour le lendemain, dimanche, une procession générale de toutes les paroisses de la ville, car il voulait bénir solennellement la tour et la statue de Marie qui la surmon-

fait. Il y conviait également toutes les paroisses du
diocèse, leur demandant de se faire au moins représenter par quelques Membres, et désirait que ces
délégués apportassent avec eux une oriflamme ou une
bannière aux couleurs de la Vierge, trophée qu'ils
rapporteraient ensuite dans leurs églises respectives,
comme souvenir de cette grande journée.

Monseigneur avait à cœur de présenter à la Mère de
Dieu tout son diocèse réuni dans la même pensée de
reconnaissance et d'amour. A cette occasion il avait fait
imprimer et distribuer à profusion un cantique com-
posé pour la circonstance. Il voulait que toutes les
bouches eussent les mêmes accents et que ce cri
unique jailli de toutes ces poitrines humaines montât
puissant, irrésistible, jusqu'au plus haut des cieux.

Le 5 juillet 1874, bien avant l'heure, les paroisses de
Karguentah et de Saint-André s'étaient mises en marche
pour gagner le pieux rendez-vous. Karguentah, la plus
jeune des églises d'Oran, ayant franchi le ravin aujour-
d'hui comblé avait rejoint sur la place d'Armes actuelle,
autrefois place Napoléon, sa sœur aînée et toutes deux,
le cœur plein d'allégresse, bannières déployées, s'acheminaient vers Saint-Louis. Quatre heures sonnant au
beffroi de la Cathédrale, le bourdon de Santa-Cruz fit
entendre sa voix puissante et toutes les cloches de la
ville lui répondirent, répétant au loin le signal du
départ.

Le cortège s'ébranle, un radieux soleil fait étinceler
l'or des bannières et des vêtements sacrés. Précédées
de la croix, de longues files d'enfants tenant en mains
des oriflammes, des jeunes gens, des jeunes filles revê-
tues des livrées de Marie et entourant son image, se
déroulent lentement suivies d'une foule considérable

de tout rang et de toute condition. Le Pontife vient ensuite, revêtu de ses ornements les plus précieux ; il s'avance sous le dais précédé d'un Clergé nombreux.

Dans le cortège, des musiques jettent aux échos leurs notes les plus vibrantes, leurs accents les plus joyeux alternent avec les chants qui s'échappent de tous les cœurs.

Qu'on ne crie pas à l'exagération d'une mémoire enthousiaste ; voici ce que nous lisons dans un journal de 'époque relatant cette pieuse manifestation :

Les interminables files d'enfants que nous voyons chaque année se dérouler sur nos places le jour de la Fête-Dieu se sont arrêtées et rangées sur le plateau qui s'étend de la lunette Saint-Louis au fort Saint-Grégoire pour laisser le Clergé, précédé des députations des paroisses de la ville et de l'arrondissement, parcourir les lacets qui conduisent de ce plateau à la chapelle. Les entrelacets et le sommet de la montagne étaient déjà couverts d'une foule *immense* qui s'y entassait depuis midi. *(Echo d'Oran du 7 juillet 1874.)*

Ils sont déjà bien rares, ceux qui jadis ont pris part aux grandioses manifestations de 1849 et de 1851 ; mais leurs fils sont dignes d'eux, et ils sont là redisant de tout cœur, comme leurs pères l'avaient dit jadis : Gloire, amour et reconnaissance à N.-D. du Salut. Comme eux ils la saluent à nouveau Reine et gardienne de la ville, de toutes parts retentit le même cri de confiance, de supplication et d'amour :

> Vois à tes pieds Oran qui prie,
> Oran ta fidèle cité,
> Et sur ta famille chérie ;
> Abaisse un regard de bonté,

Après avoir parcouru lentement les lacets capricieux de la montagne, la foule arrive et se masse près de la

chapelle. Comme jadis tous les rochers sont noirs de
monde. Peu après, Monseigneur ayant gravi la pente
escarpée arrive à son tour ; son cœur ému par le touchant spectacle que rencontrent ses yeux laisse déborder les sentiments qui l'animent. Il bénit ensuite la
Vierge et la tour et renouvelle à N.-D. du Salut le pacte
que lui avait déjà consacré Oran.

Monseigneur entre alors dans la chapelle, les chants
liturgiques retentissent, le bourdon dont la voix s'était
tue se fait entendre à nouveau, le canon tonne annonçant la bénédiction du S.-Sacrement, la foule qui cou-
vrait la montagne de la base au sommet s'agenouille res-
pectueusement. Tenant entre ses mains l'ostensoir où
repose le roi des rois, le Pontife quitte le sanctuaire et
s'avance pour bénir ses enfants. Instant solennel et
toujours émouvant, les tambours battent, les clairons
sonnent, le Tout-Puissant s'incline vers la terre pour
recevoir les adorations des siens. Le mystère est
accompli et cependant le peuple reste à genoux, c'est
que l'Évêque est parvenu au seuil du péristyle, ses
mains se sont élevées de nouveau présentant à la ville
immobile à ses pieds, à la mer, aux plaines de l'Oranie,
le roi immortel des siècles, afin qu'il les bénisse à
jamais. Il rentre ensuite dans la pauvre chapelle, le
Te Deum retentit, la foule après avoir mêlé sa voix à
l'hymne de la reconnaissance, redescend lentement
les sentiers de la montagne, remerciant Dieu de ses
grâces et emportant dans son cœur le souvenir des
grandes choses qui s'étaient accomplies.

Quand les ombres du soir descendant des collines
dérobèrent au regard la vue de la douce Madone, soudain les feux d'une brillante illumination dissipèrent
les ténèbres, dessinant dans l'azur du ciel les harmo-

nieux profils de la tour. N.-D. du Salut apparut toute
brillante de clartés pendant que la voix puissante de
son bourdon renvoyait son nom aux échos une
dernière fois.

CHAPITRE IV

Divers Épisodes

Bien qu'il semble que l'anniversaire de la bénédiction
de la tour et de la statue dût modifier la date et le jour
des processions annuelles, il n'en fut rien.

M⁰ʳ Callot avait pu apprécier l'élan qui, au jour de
l'Ascension, conduisait les foules à la chapelle : il conserva à cette fête ses habitudes et ses traditions. On
continua donc à monter solennellement à Santa-Cruz
comme autrefois, réunissant par la pensée les deux
cérémonies, en attendant que l'on pût leur substituer
l'anniversaire de la consécration d'un nouveau sanctuaire.

Comme jadis, les anciennes paroisses d'Oran aussi
bien que les nouvelles continuèrent à être convoquées,
et à se réunir à la Cathédrale. De là, elles s'acheminaient toutes ensemble vers la chapelle où les avait précédées une foule toujours très nombreuse et la cérémonie se terminait par la bénédiction du T. S.-Sacrement
donnée du haut du péristyle, aux fidèles, à la ville, à
la mer.

Plusieurs fois cette pieuse manifestation revêtit un
caractère vraiment imposant. Commencée un peu tard
à cause de la chaleur, on voyait parfois la nuit tomber,

avant qu'elle ne fut terminée. Alors nos pêcheurs Napolitains toujours si dévoués quand il s'agit de la Madone, se munissaient de flambeaux. Au milieu des ténèbres leurs flammes vacillantes scintillaient sur les flancs de la montagne et les nombreux lacets du chemin ressemblaient à des serpents de feu.

Nous avons rencontré dans la crypte de la Cathédrale des vestiges de ces illuminations. Si les circonstances le permettaient, nous retrouverions chez nos pêcheurs le même dévouement, et Marie reverrait des manifestations aussi touchantes et aussi belles. La foi est la même dans le cœur de tous : que nous manque-t-il donc ? La liberté.

En même temps qu'il édifiait la tour, M. Viala de Sorbier, faisait exécuter un autel en marbre plus digne de notre Auguste bienfaitrice et mieux approprié à la forme du sanctuaire. Quatre colonnes de marbre vert couronnées de chapiteaux en marbre jaune en forment la base et supportent un entablement de marbre blanc percé de trois ouvertures en plein cintre. Les degrés semi-circulaires, comme la base et la table de l'autel, sont également en marbre blanc avec des incrustations d'onyx. Le tabernacle est orné de quatre colonnettes semblables. Une porte en cuivre doré, avec des émaux *renaissance*, complète l'œuvre de l'Architecte. Il remplace avantageusement le vieil autel en bois primitivement érigé.

La voûte et la muraille qui formaient le chevet du petit sanctuaire, ont été ornées, dans la suite, de peintures murales. Elles sont l'œuvre de M. Bossi, artiste oranais, dont le pinceau délicat est si justement apprécié. La coupole symbolise le ciel par son azur, sur lequel se détachent de nombreux rayons d'or surmontant une large banderole soutenue par deux anges et sur laquelle on lit : N.-D. du Salut, priez pour nous ! A la naissance de la voûte règne une frise ton pierre. Sur un fond mauve remplissant tout le fond, un grand panneau festonné, tranche par sa couleur *vert d'eau*. Descendant de la frise à laquelle elle est attachée, une guirlande de roses rouges et blanches vient passer sous les pieds de Marie entourant les nuages au milieu desquels la statue semble placée. Appuyées sur les degrés de l'autel, deux volutes prêtent leur appui au tabernacle. Pourquoi faut-il que ces peintures, datant seulement de quelques années, se ressentent déjà de l'humidité saline des brouillards ? Ces derniers nous réservaient de plus fâcheuses surprises.

La cloche était depuis des mois suspendue dans la tour et sa voix retentissait souvent dans les airs lorsque survint un accident qui aurait pu avoir les plus sérieuses conséquences. Sous l'influence corrosive de la brise de mer et des émanations salines qui enveloppent si souvent le sommet du pic d'*Ardour*, le point d'attache se rompit et le battant tomba. Au-dessous une femme était assise, ses jambes auraient pu être broyées ; le battant les effleura à peine, elle en fut quitte pour la peur. Depuis lors la voix du bourdon ne retentit plus dans la montagne : espérons que bientôt finira ce silence et qu'il nous sera donné d'entendre à nouveau la cloche de Santa-Cruz jetant aux échos ses plus joyeuses volées.

Si la pierre, si le fer lui-même n'a pu résister aux intempéries des saisons, les métaux moins durs ont plus vite encore ressenti leurs atteintes. Voilà pourquoi la première statue de N.-D. du Salut, si belle par l'expression de son visage, si chère par tous les souvenirs, qu'elle rappelait, demanda bientôt à être remplacée. Elle était en bois doré, sous l'influence du temps, elle se désagrégeait et tombait en poussière. Une âme généreuse, Madame Léoni, avait donné cette première statue : elle devait être imitée par une autre digne d'elle. C'est à Madame Courtinat que revient ce mérite et cet honneur.

Les Napolitains portèrent en triomphe cette nouvelle image de Marie comme'ils avaient porté la première. Celle-ci est placée aujourd'hui dans une niche de la crypte, à la Cathédrale : elle attend une réparation qui permettra de conserver longtemps encore à la piété des fidèles cette statue vénérable nous rappelant tant de souvenirs !

L'année 1874, qui avait vu les imposantes cérémonies que nous avons décrites ménageait encore à notre chère chapelle de précieuses visites.

Mgr Robert, alors évêque de Constantine et d'Hippone, était arrivé à Oran, le 30 octobre. Sa Grandeur officia dans notre Cathédrale le jour de la Toussaint, à la Messe et aux Vêpres. A l'issue de cette dernière cérémonie, il se rendit processionnellement avec Mgr Callot, accompagné du Clergé de Saint-Louis et d'un grand nombre de fidèles, au Cimetière des concessions du *Ravin-Vert*. Sa Grandeur adressa quelques mots à l'assemblée, et, après les prières des défunts, bénit les tombes. Le lendemain, jour de la Commémoraison des fidèles trépassés, Mgr Robert, ayant célébré le Saint Sacrifice pour les défunts de la Société de Secours Mutuels, suivit son vénéré collègue au Cimetière de *Tamashouët*. Là, en présence du Clergé et des fidèles de la ville entière, les Prélats accomplirent une céré-

monte semblable à celle de la veille. Mais avant
de quitter Oran, Mgr Robert voulut monter en pèlerinage
à Santa-Cruz et offrir la Sainte Messe dans l'humble
sanctuaire de N.-D. du Salut.

Ce fut le 4 novembre. La divine providence amenait
l'Évêque de Constantine sur la montagne à l'anniversaire du jour où, vingt-cinq ans auparavant, la Reine
du ciel avait fait éclater sur nous la puissance de sa
miséricordieuse intervention. Mgr Robert a depuis lors
quitté nos rivages, pour occuper l'illustre siège de
Marseille. Lorsqu'au milieu des magnificences de la
basilique de N.-D. de la Garde, l'ancien Évêque d'Hippone revoit dans ses souvenirs la modeste chapelle de
Santa-Cruz, le vénérable Pontife doit souhaiter pour
notre Vierge d'Afrique de semblables splendeurs.

Le mois de novembre 1874 ne s'écoula point sans
qu'un prince de l'Église ne fût venu, à l'exemple de
Mgr Robert, s'agenouiller aux pieds de N.-D. du Salut, et
comme lui, offrir le Saint Sacrifice dans son sanctuaire.
Sollicité par l'Évêque d'Oran de présider la consécration de sa Cathédrale, Mgr Meignan, alors évêque de
Châlons, mort depuis cardinal archevêque de Tours,
avait répondu à l'appel de son vénérable collègue.
Après avoir accompli, le 15 novembre, cette imposante
cérémonie, l'Évêque de Châlons, qui devait accompagner Mgr Callot dans sa tournée pastorale du district
de Tlemcen, monta en pèlerinage à la chapelle de Santa-
Cruz pour y célébrer les divins mystères.

Recueillons avec joie le souvenir de ces visites : elles
sont pour notre piété un précieux encouragement ; elles
nous prouvent que notre foi et notre confiance en
N.-D. du Salut n'est pas seulement la foi des humbles
et des ignorants, mais qu'elle est partagée par ceux-là

mêmes que Dieu a établis les colonnes de son Église, les témoins et les défenseurs de la vérité.

Le 1er novembre 1875, Mgr Callot rendait son âme à Dieu. Ramené de France, son corps fut déposé, le 15, dans un caveau retrouvé dans la Cathédrale, sous la chapelle de la Sainte Vierge. Ce caveau avait été originairement construit pour recevoir la dépouille mortelle des Religieux Franciscains. Leur couvent occupait jadis la place des nefs actuelles de l'église Saint-Louis, dont le chœur formait la chapelle dédiée au *Christ de la patience*. Les nombreux ossements retrouvés ont été religieusement ensevelis sous l'aire de ce monument funèbre. Le premier Pasteur de la nouvelle Église d'Oran, le successeur des Priscus et des Tibérianus, de l'ancien *Oppidum peregrinorum*, repose sur les cendres de ceux qui, de 1509 à 1792, évangélisèrent notre cité. Que ceux qui partagent la même sépulture sur la terre, participent aux mêmes joies dans le ciel !

Une pensée de pieuse reconnaissance a perpétué le souvenir de Mgr Callot dans le sanctuaire même qui avait été l'objet de toute sa sollicitude et de toute sa tendresse. Son corps repose dans la Cathédrale agrandie par ses soins, mais une plaque commémorative, scellée dans les murs de la chapelle de Santa Cruz rappelle aux pèlerins que c'est au zèle et à la piété du premier Évêque d'Oran que l'on doit la restauration de l'œuvre de nos pères, l'érection de la tour, la Vierge qui la couronne, et demande pour lui un souvenir et une prière. Ce n'est que justice. Voici l'inscription :

†

In memoriam
Ill. ac R. R. in Christo patris
J.-B. Irenæus CALLOT
primi episcopi Oranensis
qui hanc Turrim ædificavit
et B. V. Mariæ Salutis Nostræ
coadjutricis
Sanctuarium exornavit.
Pio devotionis munere expleto,
Obiit Kalendis Novembris 1875.

R. I. P.

†

A la mémoire
du Très Illustre et Révérendissime Père en Dieu
J.-BAPTISTE-IRÉNÉE CALLOT
premier évêque d'Oran
qui construisit cette tour
et orna le sanctuaire de
Notre-Dame du Salut.
Ayant achevé son pieux dessein
il mourut le 1er Novembre 1875.

Qu'il repose en paix !

La mort n'avait point laissé à Mgr Callot le temps de terminer son œuvre. Après lui, les temps critiques que nous avons traversés et que nous traversons encore, amenant pour ses successeurs d'autres sollicitudes, des besoins plus impérieux et plus urgents, firent remettre à des jours moins troublés la reprise de l'œuvre si chère au premier Évêque d'Oran. Quand viendra-t-elle cette heure désirée par tous les véritables serviteurs de Marie ? Naguère, un des rares survivants de 1849, ouvrier de la première heure — il fut un des plus ardents coopérateurs de Mgr Callot — l'honorable M. J. Giraud, nous disait qu'il ne voudrait pas mourir sans l'avoir vue ! Puisse ce désir si légitime, partagé par tous, être exaucé ! Puisse Dieu, qui tient dans ses mains le cœur des créatures, et les tourne à son gré, le féconder et le bénir ! Puissent les noces d'or de la pauvre chapelle en hâter la réalisation !

Si la mort de l'Évêque d'Oran fut une épreuve pour l'œuvre de N.-D. du Salut, si elle suspendit les projets d'embellissements et mit fin aux travaux, elle n'arrêta point l'élan des âmes. Quand le caveau des Franciscains de Ximénès se fut refermé sur la dépouille mortelle qui lui était confiée, les pèlerins continuèrent comme autrefois à gravir la montagne, et, tout en regrettant de voir inachevés les projets de leur premier Pasteur, plus nombreux que jamais ils vinrent prier Celle dont la radieuse image les attirait, et dont les mains abaissées vers la terre semblent promettre à tous les grâces et les bienfaits dont elle est parmi nous l'infatigable dispensatrice.

CHAPITRE V

Épreuves et Contradictions

Nous étonnerions certainement nos lecteurs, si nous leur disions qu'à aucune époque de son existence, le pèlerinage de N.-D. du Salut n'a rencontré d'opposition. Comme toutes les œuvres de Dieu, il a dû lutter contre les efforts de l'enfer, les blasphèmes de l'impiété, les railleries de l'indifférence et les attaques de l'incrédulité. Maintes fois, une certaine presse s'est efforcée de couvrir de ridicule les pieuses manifestations des catholiques oranais envers Marie. Tout cela ne doit pas nous surprendre.

Dès les premiers jours ce furent les nombreux obstacles matériels, dont il fallut triompher pour construire la chapelle et la tour. Nous les avons signalés dans le cours de notre récit. Mais lorsque Marie eut été solennellement proclamée gardienne de notre ville, et que son modeste oratoire eut couronné la montagne, que d'efforts ne furent pas tentés pour éteindre la reconnaissance dans le cœur des fidèles et pour les détourner du sanctuaire de N.-D. du Salut.

Pendant les années qui suivirent immédiatement la terrible épidémie, personne n'eût osé tourner en ridicule les pieuses manifestations inaugurées à Santa-Cruz, encore moins les empêcher. Le souvenir du fléau était encore trop vivace dans la mémoire de tous. Mais le temps s'écoula, et à mesure que de nouveaux immigrants, tous les jours plus nombreux, vinrent prendre place dans la ville d'où disparaissaient, l'un après l'autre, les survivants de 1849 et 1851, l'impiété s'enhardit. Trop souvent, lorsque l'indifférence des nouveaux venus s'étonna de ces fêtes religieuses dont elle ne soupçonnait même pas l'origine ou la cause, elle ne rencontra pour l'instruire que des chroniqueurs peu soucieux de rendre témoignage à la vérité.

Ces manifestations dont ils étaient obligés de constater l'existence et la grandeur gênaient leur scepticisme, troublaient leur indifférence et condamnaient leur incrédulité. Ils prétendirent ne point ajouter foi aux sentiments de piété qui amenaient les foules, et en toutes circonstances déversèrent le sarcasme et l'insulte, quand ce ne fut pas le blasphème ou le mensonge sur ces spectacles qu'ils affectaient *de proclamer rarissants*, tout en refusant de comprendre le but de ce qu'ils appelaient *de difficiles et dangereuses promenades*. Qu'allait-on faire dans cette chapelle n'offrant comme édifice rien de remarquable, tant s'en faut, et ne pouvant jamais, même de loin, rivaliser avec les sanctuaires fameux de la chrétienté d'outre-mer.

« En outre, ajoutaient-ils, la Vierge de Santa-Cruz n'a jamais manifesté sa présence par un miracle quelconque, et, dans l'endroit où on l'a placée, elle n'a pas l'air de vouloir de longtemps appeler l'attention des fidèles, ranimer le zèle des tièdes et faire pénétrer un rayon de lumière dans l'esprit obscurci des sceptiques, en trop grand nombre hélas, dans la ville d'Oran. En effet, sur cet emplacement pittoresque sans doute, mais aride, où il n'y a pas la plus petite source, le moindre suintement susceptible d'être utilisé, comment accomplir un miracle! (*Chronique de Nestor, 29 mai 1873.*) »

Nous faisons grâce à nos lecteurs des blasphèmes écœurants que nous avons relevés dans certaines feuilles locales aujourd'hui disparues : le mépris est la meilleure réponse à leur faire.

Insensés, ils ne comprennent pas, ou ils ne veulent pas comprendre, que si Marie possède un sanctuaire dans cet endroit, selon eux, choisi en dépit du bon sens, que si la piété et la reconnaissance y ont porté son image, et l'y visitent encore malgré les obstacles de tout genre, c'est que, contrairement à leurs affirmations, la Vierge a fait parler d'elle. C'est que le miracle déclaré impossible a eu lieu, évident, irréfutable ; aussi concluons-nous en disant au pauvre chroniqueur de 1873, qu'il est du nombre de ceux dont parle l'Écriture : Ils ont des yeux et ne voient point, des oreilles et ils n'entendent point ! On ne crée pas plus à volonté des pèlerinages, qu'on ne fait jaillir des sources et couler des fleuves, là où Dieu ne les a point placés.

Lorsqu'on s'aperçut que les sarcasmes du scepticisme et les blasphèmes de l'incrédulité ne réussissaient pas à entamer la foi et la piété des fidèles ; lorsqu'il fut démontré qu'Oran, presqu'entièrement renouvelé, demeurait fidèle aux promesses faites à Marie, on changea de tactique et on essaya de l'intimidation.

Déjà le Conseil municipal, dans sa séance du 27 mai 1872, avait pris en considération une proposition de M. Sieuve demandant l'application rigoureuse des articles de germinal an X. Aucun esprit vraiment libéral ne les a jamais pris au sérieux, et l'Église, à laquelle on les imposa au mépris de tout droit, a toujours protesté contre eux. Dix-sept conseillers étaient présents, onze votèrent la proposition de leur collègue, les six autres s'abstinrent! Après un pareil vote, l'interdiction des processions semblait inévitable. Il n'en fut rien : M. Barial, maire d'Oran, n'en tint aucun compte. Ce n'était qu'un ballon d'essai. Quand on crut l'opinion suffisamment préparée, de la menace on passa à l'exécution. On interdit d'abord les processions de la Fête-Dieu, on toléra celle de Santa-Cruz.

Mais un jour vint où, sans souci du passé, oublieux de la dette sacrée contractée par Oran, ceux qui pour lors détenaient le pouvoir essayèrent violemment d'arrêter le cours des manifestations en l'honneur de Marie et de briser les liens qui unissaient la ville à la Reine du ciel.

Sans autre motif que la haine de Dieu et de son culte, et par une violation des principes de tout gouvernement vraiment libéral, le Maire d'Oran défendit la procession si chère à toute la ville.

On pouvait cependant lire au frontispice des monuments, et en tête de tous les actes publics, la devise : Liberté, Égalité, Fraternité. N'était-elle donc qu'un mensonge ? Notre intention n'est pas de discuter la légalité de l'arrêté pris par l'Autorité municipale, nous dirons seulement qu'en cette circonstance, comme en tant d'autres, la force prima le droit.

Ce qui ajoutait à l'odieux d'une semblable mesure, c'est que toute liberté était laissée aux musulmans de faire circuler à travers nos rues leurs cortèges religieux alors qu'on interdisait aux catholiques de porter à Marie le témoignage de leur reconnaissance. Consultez les journaux de l'époque et vous y trouverez l'annonce de manifestations faites par les Arabes pour obtenir la pluie. Ce contraste n'est-il pas instructif?

On ne pouvait invoquer contre le pèlerinage de Santa-Cruz le prétexte tant de fois mis en avant de *troubles apportés à la circulation*. La position de l'église Saint-Louis point de départ des processions en aurait fait justice, car à peine formé le pieux cortège se trouvait en pleine campagne. Les voitures à cette époque ne se hasardaient pas de ce côté, la nouvelle route des Planteurs étant loin d'exister. Mais que deviennent toutes les raisons de convenance, de justice, de légalité, lorsque l'arbitraire ou les passions irréligieuses guident seuls les hommes ?

En 1882, la procession commémorative de Santa-Cruz fut interdite pour la première fois. Dès que cette mesure fut connue, elle eut dans toute la ville un douloureux retentissement. De nombreuses protestations s'élevèrent, l'Autorité ecclésiastique fit entendre ses légitimes revendications, ce fut en vain : Oran catholique dut subir cet outrage à sa foi et à sa liberté.

Mgr Preire, curé archiprêtre de la Cathédrale, à qui l'on signifia l'interdiction, ne crut pas devoir s'y soumettre, et quand revint la fête de l'Ascension il invita les fidèles à se rendre à Santa-Cruz ainsi qu'ils l'avaient toujours fait depuis 1851. Selon lui, la procession devant se dérouler en territoire militaire, l'arrêté ne pouvait lui être appliqué. Cependant pour ne point s'exposer à un procès-verbal, dans le court trajet de son église au terrain appartenant au Génie, il donna rendez-vous aux pèlerins sur le plateau qui sépare la lunette Saint-Louis du fort Saint-Grégoire. C'était le 18 mai 1882.

Déjà, comme toujours, la procession déroulait ses longues théories sur les flancs de la montagne et montait toute heureuse payer à N. D. du Salut son tribut annuel de reconnaissance, quand un Commissaire de police intervint, et, constatant la prétendue contravention aux arrêtés municipaux, verbalisa contre l'Archiprêtre rendu responsable du délit. Celui-ci protesta, soutenant que la Municipalité n'avait aucune juridiction sur un territoire appartenant à l'Autorité militaire et que, l'eût-elle, ce n'était point au Commissaire de police qu'il appartenait de verbaliser.

Après avoir accompli sa mission l'Agent du Maire se retira et les pèlerins achevèrent de gravir la montagne. Cité à comparaître devant le Juge de paix, M. l'Archiprêtre en déclina la compétence. Passant outre, ce magistrat déclara valable et bien fondé le procès-verbal et au nom de la liberté condamna Mgr Preire à l'amende.

L'année suivante, quand revint la fête de l'Ascension, M. l'Archiprêtre crut pouvoir concilier ses devoirs de pasteur avec les défenses formulées par un nouvel arrêté. Après avoir rappelé aux catholiques oranais les événements de 1882, il leur annonça qu'il se rendrait seul avec le Clergé et les enfants de chœur jusqu'à la chapelle de Santa-Cruz, et il les invita à s'y rendre séparément en grand nombre.

Précédé de la croix et de la maîtrise, entouré du Clergé de la ville, Mgr Preire était à peine sorti de la Cathédrale qu'un Commissaire de police vint l'arrêter et intima à ceux qui l'entouraient l'ordre de quitter leur habit de chœur, les menaçant, s'ils n'obéissaient pas, d'un procès-verbal. Ne pourrions-nous pas, et avec raison, répéter le mot si connu : « Liberté, que de crimes, on commet en ton nom ! », et si le mot crime semble ici trop violent, nous pouvons au moins dire avec un ancien journaliste oranais : « O liberté que d'abus on couvre de ton manteau et de ton nom. » Tout Oran attendait sur la montagne, Mgr Preire obtempéra à l'injonction du Commissaire, et quittant son habit de chœur continua sa route vers la chapelle.

Si ces mesures vexatoires sont parvenues à supprimer les processions proprement dites, s'il n'y a plus cette pompe religieuse, ce déploiement de bannières faisant cortège au Dieu de l'Eucharistie, elles n'ont pu cependant briser les liens qui unissaient Oran à son auguste protectrice, ni entamer sa fidélité à gravir, au retour de la fête de l'Ascension, le rude sentier de la montagne. Le nombre des personnes accomplissant ce pélerinage, les offrandes déposées par elles dans le sanctuaire de Santa-Cruz, les demandes de Messes provenant de tous les points du diocèse prouvent combien, malgré tout, la dévotion à N.-D. du Salut est vivante dans les cœurs.

Après 17 ans d'interdiction, le concours des foules est toujours aussi imposant. Cette année, pour donner à la Vierge de Santa-Cruz un témoignage nouveau de leur inviolable fidélité, nos pêcheurs napolitains se sont cotisés, voulant aux trois Angélus de l'Ascension, célébrer par des salves, tirées en l'honneur de Marie, l'anniversaire cher à leurs cœurs.

Au premier son des cloches de la Cathédrale à l'aube naissante, Oran fut réveillé par de nombreuses détonations répercutées par les échos de la montagne. Au milieu du jour, la même voix puissante se fit entendre et quand l'ombre du soir descendit sur la ville, de nouvelles salves annoncèrent à tous, que fidèles à leur foi, constants dans leur reconnaissance, nos pêcheurs adressaient un dernier salut à la Reine des cieux. A leur demande et, pendant que sur la montagne avaient lieu ces retentissantes manifestations, sous les voûtes de la Cathédrale, tous les lustres brillamment éclairés, témoignaient de leur foi ardente envers Marie.

Aucune épreuve n'a manqué à Santa-Cruz. Si les arrêtés municipaux ont tâché d'étouffer dans les foules la dévotion à N.-D. du Salut, les effractions et les vols, en lassant la générosité des fidèles et en dépouillant le sanctuaire des ornements et des objets du culte, ont essayé à leur tour de rendre impossibles les manifestations en son honneur. Dès 1858 nous avons signalé plusieurs vols, il n'ont pas été les seuls. L'isolement de la chapelle sur la montagne, malgré toutes les précautions prises, rend ces tentatives trop faciles.

Comment les prévenir ? comment les empêcher ?

Mgr Callot avait eu l'intention d'établir à côté de la chapelle un logement pour un gardien. Dans sa pensée, ce gardien devait être un prêtre. Nous avons retrouvé les traces de ce projet dans une lettre que notre premier Evêque écrivait en 1874 à un ecclésiastique de France. Monseigneur, heureux de la résolution prise par ce prêtre de venir finir ses jours auprès de N.-D. du Salut, l'avertissait toutefois « que pour le moment il n'avait à lui offrir près de la chapelle qu'une construction en planches, en attendant de pouvoir arranger ce qui serait nécessaire ».

Le fait suivant fera comprendre combien il est regrettable que les circonstances n'aient pas permis de donner suite à ce projet.

Le 19 juin 1882, vers les 6 heures 1/2 du soir, le sacristain de la Cathédrale, M. Defarge, un ancien militaire, fut prévenu qu'on avait défoncé la porte de la chapelle de Santa-Cruz. S'étant armé aussitôt, il gravit en toute hâte la montagne. Au moment où il mettait le pied sur la première marche de l'escalier de la chapelle, de furieux aboiements se firent entendre et au même instant un coup de feu partait du sanctuaire et une balle traversait ses vêtements. Il riposta immédiatement d'un coup de fusil et de deux coups de revolver. Les malfaiteurs, au nombre de deux, habillés en arabe, prirent la fuite. On ne put les retrouver.

On constata des dégâts importants et la disparition de nombreux objets.

Depuis lors de nouvelles effractions ont eu lieu. La présence d'un gardien les aurait rendues impossibles. Quels avantages et quels encouragements n'y aurait-il pas pour les fidèles si chaque fois qu'ils montent en pèlerinage de Santa-Cruz, ils avaient la certitude de pouvoir entrer dans la chapelle et surtout d'y entendre la Messe.

CHAPITRE VI

Cinquante ans après

Arrivé au sommet qu'il désirait atteindre, le voyageur s'arrête pour contempler le chemin parcouru. Ainsi devons-nous faire. Cinquante ans ont passé depuis le jour où le pèlerinage de N.-D. du Salut est né d'un acte de foi, de reconnaissance et d'amour. L'humble grain de sénevé a grandi ; il a jeté sur notre terre oranaise de profondes racines, et, en dépit des contradictions et des épreuves, a produit dans les âmes des fruits abondants. Au milieu de notre société parfois si indifférente, il a créé un réel et sérieux mouvement qui s'affirme et se manifeste de plus en plus.

A côté des pèlerinages isolés, chaque jour plus nombreux, et des processions annuelles de l'Ascension, ont pris naissance de pieuses coutumes déjà anciennes, qui se sont perpétuées jusqu'à nous. Depuis l'époque de la conquête, les Communautés religieuses se sont multipliées dans la ville d'Oran et dans ses environs. Toutes professent envers Marie l'amour le plus filial, aussi se sont-elles fait un devoir et un bonheur de monter régulièrement chaque année, au sanctuaire de N.-D. du Salut.

Premières arrivées dans notre ville, les Sœurs Trinitaires, ont conservé les pieuses habitudes introduites par Mère Sainte-Eugénie dans leurs Communautés. Nous avons vu dans le cours de notre récit, qu'avant la construction de la chapelle, elles conduisaient déjà leurs enfants prier devant la petite statue de Marie placée sur la montagne par leur supérieure. Ce qu'elles ont fait, elles le font encore. Leurs maisons sont devenues plus nombreuses, il en a été de même pour leurs pieux pèlerinages.

Les enfants apprennent auprès d'elles à aimer Marie, et, suivant l'exemple de leurs maitresses, elles montent pleines de confiance à Santa-Cruz, implorer N.-D. du Salut, ou la remercier de ses bienfaits. Cette année, nous avons rencontré à la chapelle les Religieuses qui dirigent l'École Saint-Antoine, y conduisant leurs enfants. Deux de leurs élèves, pour obtenir une grâce,

avaient promis à la Reine du ciel de gravir pieds nus
le rude sentier de la montagne ; exaucées, elles accom-
plissaient leur promesse.

Animées des mêmes sentiments, les Sœurs de nos
Hôpitaux, et celles du Bon-Secours de Troyes, montent
aussi en pèlerinage implorer Celle que l'Église appelle
à juste titre, *le salut des infirmes*, et lui demander
pour leurs malades et pour elles-mêmes, aide, secours
et protection.

Quoi de plus touchant que de voir les Petites Sœurs
des pauvres accourir de leur lointaine demeure de
Gambetta. Dès l'aube, et en toute hâte, elles gravissent
la montagne, allant porter à la Mère de la charité et
du bel amour l'expression de leur piété filiale, et
demander à *la Grande aumônière du ciel*, le pain du
corps et de l'âme pour leurs pauvres vieillards.

C'est au sanctuaire de N.-D. du Salut, que les Filles
de la Séraphique Thérèse de Jésus, après lui avoir
confié les débuts pénibles de leur installation, venaient
chaque année, au milieu de leurs douloureuses épreuves, chercher force et courage, et demander le secours
d'en haut. C'est encore à Santa Cruz, qu'elles sont venues
il y a quelques jours, avec leurs enfants faire entendre
l'hymne de la reconnaissance pour leur prière exaucée.

Dès sa fondation en 1869, le Grand Séminaire a
entouré N.-D. du Salut de l'amour le plus filial. Le soir
même du jour où, pour la première fois, ses portes
s'ouvrirent devant les élèves arrivant de France après
une traversée des plus mouvementées, on vit nos
jeunes lévites conduits sur la falaise se tourner
spontanément vers la chapelle de la montagne et, d'une
voix vibrante d'émotion, entonner l'*Ave Maria stella*.
Plus d'une larme mouillait leurs paupières, car à peine

débarqués sur nos rivages, ils sentaient dans leur isolement le bonheur de retrouver une Mère, et le besoin de se confier à sa toute-puissante protection. Depuis lors, Santa-Cruz est demeuré le but aimé du pèlerinage des Maîtres et des Élèves. Chaque année, et plusieurs fois l'année, ils renouvellent ensemble leurs pieuses ascensions à N.-D. du Salut.

Les Fils de Dom Bosco, si dévoués à la Reine du ciel, devaient, en arrivant sur notre terre d'Afrique, être attirés vers le sanctuaire de Santa-Cruz. A peine installés dans leur oratoire de la rue Ménerville, ils établirent la pieuse coutume de conduire, après la première communion, leurs enfants en pèlerinage à la chapelle de N.-D. du Salut. Bien plus, chaque année ils ont l'habitude, dès les premiers jours qui suivent la rentrée dans leurs Maisons d'Oran et d'Eckmühl, de gravir la montagne pour mettre sous la protection de la Mère de Dieu leurs personnes et leurs œuvres, leurs enfants et leurs travaux.

Dès qu'il connut cette pieuse coutume, M. le chanoine Mathieu, archiprêtre de la Cathédrale, en apprécia les avantages et résolut de l'introduire dans sa paroisse. Le 9 juin dernier, au lendemain de la première communion et de la confirmation, il se fit un bonheur de guider lui-même ses enfants à Santa-Cruz, bien décidé, au retour de cette touchante cérémonie, à la renouveler chaque année. Conduire ces chers enfants au sanctuaire de la montagne n'est-ce pas leur en apprendre le chemin ? N'est-ce pas leur rappeler d'une manière pratique quelle fut la bonté toute-puissante de la Reine du ciel à l'égard de leurs pères, et graver par suite dans leur cœur, l'amour et la reconnaissance envers N.-D. du Salut.

Tous répondirent à l'appel, mais ce jour là M. l'Archiprêtre put constater une fois de plus combien regrettable est l'exiguité de la chapelle. Faute de pouvoir faire entrer les jeunes communiants, il fallut partager la touchante cérémonie, célébrer deux fois le Saint Sacrifice et, malgré toutes ces mesures, la plupart des parents qui avaient accompagné leurs enfants durent rester dehors.

Dernières venues sur la terre oranaise, les Sœurs de la Doctrine aiment aussi gravir le chemin de notre modeste sanctuaire. Malgré leur éloignement, elles ne craignent pas de venir plusieurs fois l'année demander à la Vierge de Santa-Cruz pour elles et pour leurs nombreuses Élèves sa toute-puissante protection ; contribuant ainsi à donner à ce tribut d'amour, de reconnaissance, de tendresse filiale envers N.-D. du Salut, la plus touchante unanimité.

Cet élan qui pousse les âmes vers Santa-Cruz ne s'arrête pas à notre ville. Les Communautés de Misserghin ont suivi l'exemple de celles d'Oran. Les Frères de l'Annonciation en particulier, n'ont point oublié, que dans la personne du vénérable P. Abram, ils ont été favorisés de l'intervention miraculeuse de Marie. D'ailleurs ils étaient là, aux jours terribles du choléra pendant lequel leur dévouement a été au-dessus de tout éloge. Chaque année les a vus venir à Santa-Cruz, accomplissant leur pèlerinage. Nous aimons à en retrouver une preuve dans les lignes suivantes d'un journal de la localité : « Les enfants et les Frères de Misserghin sónt allés, musique en tête, mercredi dernier 27 avril, faire leur pèlerinage annuel à Santa-Cruz ; ils se sont arrêtés devant la Préfecture, où la musique a joué deux ou trois morceaux bien exécutés. » (*Echo* du 29 avril 1879.)

Cette dévotion et cette foi, nous les trouvons encore dans les fidèles du diocèse entier. Malgré les distances parfois très grandes, ils viennent de toute part témoigner leur confiance ou leur gratitude à N.-D. du Salut. Il est vraiment regrettable qu'on n'ait pas tenu, depuis les premiers jours, ce que nous appelerions lelivre d'or du sanctuaire de Santa-Cruz. Nous y lirions l'histoire toujours la même, des fils d'Adam accourant près de Marie, comme jadis les sœurs de Lazare accouraient auprès du Sauveur, et lui disant : *ceux que vous aimez, sont malades.* Nous y verrions aussi combien la Mère des miséricordes a répandu à profusion ses bontés.

Les faits que nous avons recueillis depuis un an sont peu de chose comparé à tout ce qui est perdu pour l'histoire. Nous tenons cependant à les consigner ici.

C'est une famille d'une ville de l'intérieur, qui *depuis 30 ans* fait célébrer chaque année une Messe d'actions de grâces, en reconnaissance d'une guérison obtenue. C'est un père et une mère, habitant près d'Oran, venus il y a quelques mois, remercier leur auguste bienfaitrice à qui ils doivent la vie de leurs enfants. C'est une mère, dont N.-D. du Salut a sauvé le fils unique atteint de la diphtérie. C'est une pauvre femme espagnole arrachée à une mort prochaine par l'invocation de la Vierge de Santa-Cruz, et qui pour accomplir son vœu, *gravit à genoux* les lacets de la montagne.

Le 17 avril 1899, une famille entière montait en pèlerinage pour remercier la Reine du ciel d'avoir rendu la vie à son chef. Quelques jours après, un habitant de Marhoum, ne pouvant accomplir lui-même sa promesse et payer sa dette à Marie, envoyait au sanctuaire de Santa-Cruz l'obole de la reconnaissance.

Ces témoignages se sont répétés nombreux surtout

pendant le mois de mai dernier. Ils venaient non seulement d'Oran et de ses environs mais encore des points les plus éloignés de la province : Saïda, Mostaganem, Tlemcen, Nemours, etc.

Tous ces faits et mille autres que nous pourrions énumérer, prouvent qu'à notre époque la confiance des catholiques oranais ne se lasse pas plus de recourir à N.-D. du Salut que la miséricordieuse bonté de notre auguste protectrice ne se lasse elle-même de s'exercer en leur faveur.

Nous regrettions, tout à l'heure, l'absence du livre d'or de Santa-Cruz : ne le retrouvons-nous pas sur les murs mêmes du sanctuaire ? n'y lisons-nous pas en caractères indéniables, l'existence des trop nombreuses misères humaines et le secours que toutes sans exception ont trouvé près de N.-D. du Salut ? Les *ex voto* qui tapissent la chapelle entière sont autant de pages éloquentes de ce beau livre. On ne peut les regarder sans se sentir ému de compassion envers la pauvre humanité, et de reconnaissance envers Dieu qui nous a donné en Marie une mère aussi puissante que bonne que l'on n'invoque jamais en vain.

Nous avons dit plus haut, que deux enfants voulant accomplir leur promesse étaient montées pieds nus au sanctuaire de N.-D. du Salut. Ce n'est point là un fait isolé. Presque chaque semaine, des personnes de tout sexe, de tout âge, de toute condition, gravissent ainsi péniblement la montagne, pour payer à la Vierge qui les a protégées, secourues, consolées, leur dette de reconnaissance. Nous avons toujours admiré l'esprit de foi qui anime et soutient leur courage dans l'accomplissement de leur promesse ou de leur vœu. Il suffit en effet, d'avoir parcouru les lacets de la montagne, pour

se rendre compte des difficultés et des souffrances
qu'elles doivent éprouver, à marcher sans chaussures
sur ces roches déchiquetées, sur ces pierres roulantes
composant ce qu'on appelle le chemin de Santa-Cruz.

Chose plus admirable encore, nous avons rencontré
des personnes accompl'ssant à genoux, cette pénible
ascension.

L'Évangile nous dit, que notre Seigneur, ayant admiré
la foi de la Chananéenne, lui accorda la grâce qu'elle
sollicitait avec tant de ferveur et de persévérance. N'y
a-t-il pas dans les faits que nous signalons ici, un acte
de foi bien grand, bien généreux, capable de toucher
le cœur de Jésus et celui de sa Mère? Lorsqu'après tant
de fatigue, ces pauvres suppliantes arrivent aux pieds
de la Reine du ciel, ne méritent-elles pas d'entendre la
parole prononcée jadis par le Sauveur: *O femme, que
votre foi est grande ! qu'il vous soit fait selon votre désir !*

Depuis qu'à la Cathédrale on a pris l'habitude d'affi-
cher aux portes, et d'annoncer aux différents offices
du dimanche, les Messes à célébrer pendant la semaine
au sanctuaire de N.-D. du Salut, le nombre des pèlerins
a considérablement augmenté. Aux jours fixés par ces
annonces, des personnes pieuses de la paroisse se
font un devoir de monter à Santa-Cruz pour entendre
le Saint Sacrifice et y faire, même souvent, la Sainte
Communion. Ne pourrait-on pas généraliser cette
manière d'agir? Il y aurait là, nous le croyons du moins,
un excellent moyen de diriger vers le sanctuaire de
Marie un plus grand nombre d'âmes chrétiennes. La
religion et la piété ne pourraient qu'y gagner.

Il ne serait pas impossible non plus d'établir à Oran,
ce que nous avons vu pratiquer ailleurs, notamment à

Lyon, à Marseille et dans toutes les villes où se trouve
un sanctuaire vénéré.

Pendant le mois de mai, paroisses, communautés,
confréries, y montent, tour à tour en pèlerinage. Chaque
jour du mois ramène une de ces pieuses réunions et
groupe aux pieds des autels de Marie de nombreux
chrétiens. Ne pourrions-nous pas obtenir pour Santa-
Cruz un résultat analogue ?

Sans doute, nous n'espérons pas voir, dans notre
humble sanctuaire, des foules comparables à celles
qui se pressent dans les grands pèlerinages de France.
Notre désir se bornerait à y assurer, pour chacun des
jours du mois de Marie, la célébration du Saint Sacrifice.
Si les catholiques d'Oran, avaient la certitude de pouvoir
entendre la Messe lorsqu'ils montent à Santa-Cruz, ils
graviraient avec un empressement plus grand encore
le rude chemin qui y conduit.

La chose est-elle aussi impossible qu'on le croirait
au premier abord ? Nous ne le pensons pas. Les Messes
demandées à Santa-Cruz pendant le mois de mai sont
très nombreuses, à certains jours on en célèbre même
successivement plusieurs. Avec un peu d'entente, on
pourrait les répartir de façon à ce que chacune des
journées de ce beau mois soit sanctifiée sur la montagne
par la célébration des Saints Mystères.

Si cela ne suffisait pas, les Communautés ayant un
Aumônier, monteraient tour à tour au sanctuaire et
ainsi chaque matin, sans beaucoup de peine, on grou-
perait aux pieds de N.-D. du Salut les âmes pieuses de
la ville. Ce serait le meilleur moyen d'attirer sur Oran
et sur la province les bénédictions d'en haut. Peut-être
obtiendrons-nous ainsi de la miséricorde divine le
retour de tant de chrétiens, que souvent une incom-

préhensible insouciance, ou des préoccupations maté-
rielles, retiennent seules loin de Dieu. Nous oublions
trop facilement que nos pères ont établi Marie gardienne et protectrice de la cité, et qu'à ce titre, nous
pouvons tout espérer de sa puissance et de son amour.

Vingt-cinq ans après la mort de Mgr Callot, Monseigneur Cantel est venu s'asseoir sur le siège épiscopal
d'Oran. Épris du même amour pour les âmes, dès son
arrivée le nouveau prélat nous disait : *qu'il avait soif
de se dévouer pour elles, en leur prêchant Celui qui est la
source de tout bien, Jésus sauveur du monde.* Dans ce
cœur que remplit la charité de Jésus-Christ, l'amour
de sa divine Mère occupe aussi une très large place. Il
a été facile de s'en convaincre. Dès le premier instant,
Monseigneur s'adressant *à la douce Reine du ciel si
tendrement aimée dans son nouveau diocèse* demandait
à N.-D. du Salut de bénir les labeurs de son apostolat.
Si le premier Évêque d'Oran a célébré les noces
d'argent de Santa-Cruz, la providence a réservé
au nouvel Évêque de présider ses noces d'or. Monseigneur Cantel s'est bientôt aperçu, combien était profond
l'amour de ses diocésains envers N.-D. du Salut. Désirant
favoriser la dévotion du Clergé aussi bien que la piété
des fidèles, il a prié le Saint-Siège d'accorder à tous les
prêtres offrant le Saint Sacrifice au sanctuaire de la
montagne, la faveur de célébrer la Messe de *Beata
Virgine.* Sa supplique a été favorablement accueillie.
Par un rescrit du 1er juillet 1890, Sa Sainteté le Pape
Léon XIII a accordé la faveur demandée. Nous
donnons ici la teneur de ce document. Il témoigne
de la sollicitude du Souverain Pontife pour tout
ce qui peut accroître l'honneur et le culte de la

Mère de Dieu, et complète les faveurs spirituelles dont l'Église a enrichi le sanctuaire de N.-D. du Salut.

Voici la teneur de ce document :

Près d'Oran, sur le sommet d'une colline regardant la ville, existe un temple consacré à Dieu en l'honneur de la bienheureuse Vierge Marie dont l'image, sous le vocable de N.-D. de Santa-Cruz, est vénérée avec bonheur et une grande dévotion par tous les pieux fidèles du diocèse d'Oran qui attestent que grâce à son intercession, ils ont plusieurs fois échappé au danger des maux qui les menaçaient. C'est pourquoi le Très Révérendissime Seigneur, Édouard-Adolphe Cantel, évêque d'Oran, a supplié Notre Très Saint-Père le Pape Léon XIII, de daigner accorder à chacun des prêtres offrant le Saint Sacrifice dans cette église, le privilège de célébrer la Messe de *Beata Virgine Maria* selon le temps. Pour ces motifs, la Sacr⁻ Congrégation des rites, usant des pouvoirs que lui a spécialement accordés Notre Très Saint-Père le Pape, a accueilli favorablement la supplique, de telle sorte que les prêtres accomplissant ce pèlerinage ou y conduisant des pèlerins et offrant le Saint Sacrifice à l'autel susdit, de N.-D. du Salut, puissent célébrer la Messe votive selon le temps, pourvu qu'il n'y ait pas en occurence un double de 1ʳᵉ ou de 2ᵐᵉ classe, une fête quelconque de la Sainte Vierge, une fête de précepte ou des féries, vigiles, dimanches ou octaves priviligiés, ayant égard aux rubriques et nonobstant toute clause contraire.

Donné à Rome, le 1ᵉʳ juillet 1897.

Card. MAZELLA, préfet.

Le 8 juin dernier, la confirmation à donner aux enfants de la Cathédrale, réunissait autour de Monseigneur la plus grande partie du Clergé d'Oran. Il fut question du pèlerinage de Santa-Cruz et l'on rappela que l'année 1899 amenait le cinquantième anniversaire de la miraculeuse intervention de la Reine du ciel en faveur de notre cité. Sa Grandeur fut d'avis que loin

de laisser passer inaperçues cette date et cette circonstance, il fallait, au 4 novembre prochain, convoquer les catholiques d'Oran aux pieds de N.-D. du Salut.

Ce fut avec une joie profonde que notre population oranaise apprit cette nouvelle. Il n'en pouvait être autrement, car le souvenir des jours terribles ne s'est point effacé de sa mémoire. En outre, depuis cinquante ans, combien en est-il parmi nous qui ne soient pas montés à Santa-Cruz, implorer l'inépuisable bonté de la Mère de Dieu et confier à son cœur leurs peines et leurs douleurs ?

Tous attendent impatients, l'heureux anniversaire pour célébrer avec éclat les noces d'or de N.-D. du Salut. Tous se préparent à gravir la montagne pour prouver à la Reine du ciel, que leurs cœurs toujours animés de la même confiance dans sa puissante protection, n'ont pas cessé de lui appartenir.

Déjà la chapelle a pris un air de fête, ses peintures altérées par les brumes et les brises de la mer, ont été rafraîchies, les traces inévitables que le temps laisse après lui, ont disparu ; une pensée pieuse a fait rappeler sur les murs mêmes du sanctuaire, qu'à la date inoubliable du 4 novembre 1849, la ville d'Oran s'est consacrée à Marie et que le 4 novem're 1899, elle renouvellera cet acte qui jadis devint son salut.

Monseigneur ne voulut point attendre ce jour pour monter en pèlerinage à Santa-Cruz. Le 2 octobre dernier, accompagnée de M. l'Archiprêtre de la Cathédrale, Sa Grandeur accomplit la pieuse ascension et célébra le Saint Sacrifice dans la chapelle de N.-D. du Salut.

Elle y trouva de nombreux pèlerins qui, pour la plupart, s'approchant de la Table Sainte, eurent le bonheur de communier de sa main.

Le nouvel Évêque d'Oran était sur le point d'entreprendre une œuvre dont l'importance, disons mieux, dont la nécessité s'était dès les premiers jours de son épiscopat imposée à son esprit autant qu'à son cœur. En arrivant ici, Mgr Cantel avait été péniblement affecté par l'insuffisance déplorable de toutes nos églises, par leur pauvreté si peu digne de la Majesté divine, si pénible pour la piété des fidèles, et il faut l'avouer, si humiliante pour la France. Il songeait, depuis lors, à adresser au Clergé et aux fidèles de l'Oranie, à tous les catholiques français, un appel en faveur de la construction d'une nouvelle cathédrale qu'il avait l'intention de consacrer au Cœur adorable de Jésus.

Mais si son âme d'évêque et d'apôtre était toute acquise à cette œuvre si digne de la tenter, sa haute intelligence ne se méprenait pas sur les difficultés sérieuses qu'elle aurait à surmonter. Serait-il téméraire de dire, qu'au début de ce mois du Rosaire, notre premier Pasteur venait mettre aux pieds de la Mère de Dieu ses craintes et ses espérances et demander à Celle que la reconnaissance de l'Oranie a si justement nommée N.-D. du Salut, sa puissante protection ?

En choisissant la fête de la Présentation de Marie au temple pour faire entendre solennellement sa voix en faveur de la nouvelle Cathédrale d'Oran, Monseigneur semble avoir voulu confirmer ce que nous disons ici.

N'était-ce pas en effet proclamer, qu'affermi dans sa résolution par la Vierge de Santa-Cruz, il remettait entre ses mains cette entreprise si capable d'effrayer les calculs de la sagesse humaine, qu'il la faisait sienne, attendant de sa maternelle protection son heureux achèvement ? Mère du Rédempteur, elle doit à son divin fils, elle se doit à elle-même de faire réussir une œuvre, qui plus encore que le sanctuaire de Santa-Cruz, proclamera sa gloire et sa grandeur. Destiné à honorer le cœur sacré de Jésus-Christ, ce monument rappellera au monde que, si Dieu le Verbe est le roi immortel des siècles, en tant qu'Emmanuel, c'est à Marie qu'il doit et son cœur et sa vie.

« O Marie, reine du ciel, glorifier votre fils, c'est vous glorifier ; lui témoigner amour et reconnaissance c'est vous procurer la plus douce des joies. Bénissez cette entreprise, inspirez à tous vos enfants l'ardente volonté de la soutenir, d'en voir bientôt l'heureux achèvement. Faites-leur comprendre qu'en travaillant pour elle, ils travailleront pour leur avantage, pour leur véritable bonheur. » (Lettre Pastorale de Monseigneur l'Évêque d'Oran au sujet de la construction d'une église-cathédrale.)

Qui ne sera touché de la prière émue qui termine cet éloquent appel adressé par Monseigneur à son peuple ? Qui ne laissera son cœur s'ouvrir sous la douce influence de la charité et ne voudra en y répondant dans les limites du possible, en s'imposant même s'il le fallait des sacrifices véritables, hâter l'achèvement d'une œuvre si nécessaire à tout point de vue ? Nos lecteurs n'ont pas oublié les traits de générosité héroïque suscités, il y a cinquante ans, par la reconnaissance envers Marie. Les fils seront dignes de leurs pères et montreront encore au siècle qui va s'ouvrir ce que peuvent sur notre terre d'Afrique la foi, la reconnaissance et l'amour.

Puisse *Notre douce Reine* accorder au zèle ardent de Notre nouvel Évêque, la réalisation de ses plus chers désirs et, de sa main puissante, applanir ou renverser les obstacles qui pourraient en retarder l'heureux accomplissement.

Et maintenant, nous allons déposer notre plume, laissant à l'avenir le soin d'achever ce travail, dans lequel nous avons mis tout notre cœur au service de notre Mère.

Jeune lévite, nous lui avons confié les aspirations de notre âme inquiète de son avenir ; jeune prêtre, nous sommes revenu près d'Elle, lui offrir les prémices de notre vie sacerdotale, et, dans les différentes phases de nos 27 ans de ministère, son souvenir et son image ne nous ont jamais quitté ! La providence nous ayant désormais constitué gardien de son sanctuaire, nous lui consacrerons de tout cœur et sans réserve, ce qui nous restera d'une existence qu'elle a tant de fois protégée et bénie.

Ce travail, c'est le cri reconnaissant de notre tendresse filiale. Puisse-t-il aller jusqu'au cœur de Notre divine Mère ! Puisse-t-il réveiller et augmenter chez tous les catholiques de ce vaste diocèse, la confiance et l'amour envers N.-D. du Salut !

Cinquante ans ont passé depuis le jour, où pour la première fois, nos pères gravissant la montagne, ont constitué Marie, gardienne et protectrice de notre cité. Ne l'oublions jamais.

A l'heure où l'horizon assombri nous fait pressentir des dangers peut-être prochains ; à l'heure où de nouveaux fléaux semblent menacer nos têtes, catholiques oranais, levons-nous, gravissons nous aussi la montagne ; allons renouveler le pacte qui nous lie à la Mère des miséricordes en répétant avec foi le vieux cri de nos pères : *N.-D. du Salut, protégez-nous !*

Le 4 novembre 1899 fut le digne pendant du

4 novembre 1819, les noces d'or de Santa-Cruz furent ce qu'elles devaient être, une touchante, une grandiose manifestation de reconnaissance et d'amour envers Marie.

Nos lecteurs vont en lire le récit dans le chapitre suivant.

CHAPITRE VII

Le Jour des Noces d'or

Le jour que tout Oran attendait avec une impatience joyeuse est enfin venu, et il n'a point trompé nos espérances. Grâce aux catholiques oranais, les noces d'or de N. D. du Salut ont été ce qu'elles devaient être : grandioses, incomparables. Mais avant d'en raconter les splendeurs, il est nécessaire de parler de leur préparation.

Monseigneur l'Évêque d'Oran avait ordonné un *Triduum* solennel qui fut célébré à la Cathédrale les jeudi 2, vendredi 3 et samedi 4 novembre. Appelé à prendre la parole pendant ces trois jours, M. le chanoine Mathieu, archiprêtre, exposa, aux fidèles, le motif de ces prédications extraordinaires.

Dans un premier entretien, il fit justice des objections opposées à la célébration de ce touchant anniversaire, par les divers ennemis de toute véritable piété. Il répondit aux incrédules, qui, niant Dieu et son intervention dans les choses de ce monde, méconnaissent son pouvoir et ses droits imprescriptibles ; aux indifférents,

que ces souvenirs troublent dans leur sommeil et dans
leurs plaisirs ; enfin, aux chrétiens à qui pèse trop
souvent la reconnaissance. En quelques mots, il montra
combien la célébration de ces anniversaires est légitime
en elle-même, naturelle au cœur de l'homme et avanta-
geuse à tous.

Le second jour, s'inspirant des paroles adressées par
le grand prêtre Osias à Judith : « Tous les peuples qui
entendront prononcer votre nom, l'exalteront à jamais »,
le Prédicateur attira l'attention des fidèles sur le nom
donné à Marie par la reconnaissance de leurs pères et
montra combien il est beau, vrai, consolant : beau par
sa signification, vrai par les effets produits, consolant
par les espérances qu'il donne à toutes les souffrances,
à toutes les douleurs, à tous les désespoirs.

Enfin, dans le dernier entretien, M. l'Archiprêtre
exposa le but de la fête des *noces d'or*. Rappelant les
paroles du saint roi David : « Que rendrai-je au Seigneur
pour tous les biens dont il m'a comblé ? » il montra que
l'amour appelle l'amour et que la fête du lendemain
avait pour objet de reconnaître par une consécration
solennelle la miséricordieuse bonté de N.-D. du Salut :
consécration de notre intelligence, en nous laissant
guider comme nos pères par la foi ; consécration de
notre cœur en aimant Marie d'un amour fait de tendresse
et de reconnaissance filiale ; consécration de notre
volonté en agissant de telle sorte, que nos actes redisent
toujours avec l'apôtre saint Paul : « Rien ne nous sépa-
rera jamais de Jésus-Christ. » Dans une émouvante
péroraison, M. l'Archiprêtre fit revivre les souvenirs de
1849, et rappela aux fidèles qu'entre Oran et Marie,
c'était à la vie, à la mort. Il termina en leur donnant rendez-vous pour le lendemain aux pieds de N.-D. du Salut.

8

Le samedi, 4 novembre, ramenait le cinquantième anniversaire précis du jour où nos pères ont porté en procession autour de la ville la statue de la Reine du ciel, suppliant Marie d'obtenir de Dieu la cessation du fléau.

Monseigneur avait cru préférable de renvoyer la cérémonie au lendemain qui était un dimanche. En la maintenant au samedi 4, la plus grande partie de la population d'Oran eût été certainement privée du bonheur d'y assister. Un avis, affiché aux portes des églises et publié dans la *Semaine Religieuse*, porta à la connaissance des fidèles cette décision. Elle fut accueillie par tous avec joie.

La piété reconnaissante des catholiques oranais ne pouvait cependant pas laisser passer inaperçue la journée du 4 novembre. Pour répondre à un désir maintes fois exprimé, il fut décidé que M. l'Archiprêtre de la Cathédrale célèbrerait ce jour-là, au sanctuaire de Santa-Cruz, une Messe d'actions de grâces. Elle fut fixée à 8 heures du matin.

Quelques personnes appartenant aux Confréries de Sainte-Thérèse et de la Sainte-Famille eurent la pensée d'entourer d'hommages et de vénération la première image de N.-D. du Salut. Nous avons dit précédemment pour quelles raisons on avait dû la remplacer, et comment elle se trouvait à la crypte. C'était la statue que nos pères avaient portée en triomphe et placée sur la montagne, en témoignagne de leur reconnaissance et de leur foi. Que de souvenirs s'y rattachent ! Que de larmes ont été répandues à ses pieds ! Que d'infortunes n'a-t-elle point consolées ! C'est elle qui, présidant aux premières manifestations, vit inaugurer le pèlerinage de Santa Cruz. Il était de toute justice, qu'au jour de ses *noces d'or*, elle eût sa place dans le concert de louanges et de vénération que la reconnaissance préparait.

Mʸʳ Cantel approuva cette pieuse pensée. Les fidèles furent alors invités à venir, pendant les journées du 4 et du 5 novembre, honorer, dans la crypte de la Cathédrale, la première image de N.-D. du Salut.

Entourée de palmes et de guirlandes, la niche dans laquelle se trouve l'antique statue produisait le plus gracieux effet : la Vierge semblait s'élever d'un trône de verdure. Un autel fut dressé à ses pieds, on y prodigua les lumières et les fleurs ; de nombreux palmiers, disposés tout autour, lui formèrent une verdoyante couronne. Pendant les journées du samedi et du dimanche, grand nombre d'Oranais vinrent s'agenouiller devant cette image vénérée et lui offrir leurs ferventes prières.

Enfin, le 4 novembre arriva. Bien avant l'aube, on put voir des lumières briller çà et là sur les flancs de la montagne. Elles annonçaient que des âmes pieuses, devançant le jour, s'acheminaient déjà vers la chapelle de N.-D. du Salut.

C'était la Communauté des Religieuses Trinitaires du Pensionnat Saint-Louis. Il y a un demi-siècle, elles furent les premières à venir prier à Santa-Cruz ; cinquante ans après, elles devançaient encore les fidèles de la ville d'Oran. M. le chanoine Huertas, leur aumônier, eut, le premier, la consolation d'offrir le Saint Sacrifice à l'aube de cette fête de la reconnaissance.

Sans souci de la distance qui les sépare de Santa-Cruz, les Sœurs de la Doctrine avaient eu à cœur, elles aussi, de gravir, dès l'aurore, les pentes de la sainte colline, pour porter à la Mère de Dieu l'hommage de leur tendre dévotion et de leur ardent amour.

Dès 6 heures, les Messes commencèrent à la chapelle de N.-D. du Salut, se succédant sans interruption pendant toute la matinée. De nombreux pèlerins y assistaient, plusieurs d'entre eux étaient venus de l'intérieur de la province, en particulier de Sidi-bel-Abbès et de Perrégaux.

Bientôt, le Patronage de Jésus-Adolescent arriva d'Eckmühl, groupé autour du P. Bellamy et de ses chers collaborateurs. Le 4 novembre ramenait, pour ces enfants, la fête de saint Charles, patron de leur vénéré Supérieur. Ils n'avaient pas cru pouvoir mieux célébrer cette journée qu'en venant en pèlerinage à Santa-Cruz, prier la Vierge toute-puissante, pour celui qu'ils entourent d'une si touchante affection.

Pendant la Messe que célébra le P. Bellamy, les Membres du Patronage offrirent à N.-D. du Salut les prémices du cantique de ses noces d'or. La récitation du Rosaire alternait avec les chants. Lorsqu'arriva le moment de la communion, la Reine du ciel put voir tous ces adolescents se presser à la Table Sainte.

Cette fête de famille fut couronnée par la bénédiction du T. S.-Sacrement.

Mais avant que Notre-Seigneur bénît la pieuse assemblée, M. l'Archiprêtre de la Cathédrale prit la parole. Il rappela aux enfants qu'il n'était pas un étranger pour la grande famille salésienne, et leur dit combien il était heureux de prendre part à cette fête, rendue plus touchante encore par les circonstances doulou-reuses qu'un souffle de persécution venait de susciter. Se faisant ensuite, auprès de la Reine du ciel, l'inter-

prête de tous, M. le chanoine Mathieu lut l'acte de
consécration à N.-D. du Salut.

Après la bénédiction, le P. Bellamy laissa parler son
cœur. Dans chacune de ses paroles, on sentait l'émotion qu'il s'efforçait de contenir. Tous la partageaient :
aussi, lorsque s'agenouillant à nouveau aux pieds de
l'image de Marie, il entonna le *Salve Regina*, continué
par l'assistance entière, il était facile de comprendre
que les cœurs battaient à l'unisson.

À 8 heures, M. l'Archiprêtre célébra la Messe
d'actions de grâces annoncée. Les enfants du Patronage avaient cédé la place aux fidèles accourus au
sanctuaire, mais ils s'étaient massés sous le péristyle,
et, par une délicate attention du R. P. Bellamy, pendant
l'Auguste Sacrifice, ils chantèrent à nouveau le cantique
des *noces d'or*, auquel ils firent succéder plusieurs
autres motets. Nombreuses furent les communions.
Ce fut tout pour ce jour-là.

Le temps pressait, il fallait l'employer aux préparatifs
nécessaires à la grande solennité du lendemain. Aussitôt les Messes dites, on se mit à l'œuvre. Le travail
ne manquait pas, les difficultés non plus. L'intelligente
activité des ouvriers du Patronage de Jésus-Adolescent
en eut raison. Malgré les contre-temps inévitables,
étant donné l'éloignement et le difficile accès des lieux,
le travail fut mené rapidement. Lorsque, l'ombre
descendue sur la montagne, força les ouvriers à regagner leurs demeures, on pouvait espérer que tout
serait prêt à l'heure fixée pour les cérémonies du
lendemain.

La nuit était venue ; soudain, aux cinq paroisses

d'Oran, sonna l'*Angelus* du soir. Aux tintements plaintifs
du début succédèrent bientôt les rapides et puissantes
volées de toutes les cloches de la ville. Leurs voix
joyeuses annonçaient au ciel et à la terre l'approche de la
grande solennité. Le lendemain, retentissant au sein de
la nature endormie, elles rediront pleines d'allégresse :
« Voici le jour que le Seigneur a fait », et les cœurs
d'une ville entière, aussi bien que les échos de la
montagne, répondront avec enthousiasme : « Santa-
Cruz, réjouis-toi ! Oran, tressaille d'allégresse ! le jour
tant désiré arrive enfin ! »

L'aube ne paraît pas encore, et déjà commence ce
mouvement qui doit amener, à N.-D. du Salut, ces
foules, dont les flots incessants ne s'arrêteront qu'avec
le retour de la nuit. Obligé, dès la première heure, de
nous rendre à Santa-Cruz pour hâter et surveiller les
derniers préparatifs, nous rencontrons, sur notre route,
plusieurs pèlerins gravissant *pieds nus* la montagne et
récitant le chapelet.

C'est, entre autres, un malheureux, réduit pendant
de longs mois à ne pouvoir se servir de ses
jambes ; il vient, selon sa promesse, suspendre ses
béquilles dans le sanctuaire de Celle qu'il avait invo-
quée. C'est un habitant d'un village de l'intérieur ;
son pied droit avait été grièvement blessé et il apporte,
à Santa-Cruz, un *ex voto*, en reconnaissance de sa guérison demandée à N.-D. du Salut. Et, ce ne sont pas là,
les seuls faits dont nous ayions été témoins.

Tout semble, dès l'aurore, sourire aux espérances des
catholiques d'Oran. La Reine du ciel ne doit-elle pas
étendre sa protection puissante sur leurs pieuses
manifestations ? Le siroco brûlant, les bourrasques des
derniers jours ont fait place à un temps calme et doux,

et bien qu'au matin le ciel paraisse couvert, tout fait présager une de ces splendides journées que l'on rencontre difficilement à une époque aussi tardive.

Au lever du soleil, les chemins qui mènent à la montagne se remplissent d'animation, des groupes nombreux de pèlerins s'acheminent vers la chapelle de N.-D. du Salut.

Adossé aux murs extérieurs du sanctuaire, un autel, gracieusement décoré, attend Mgr Cantel. La statue de la Mère de Dieu couronne le tabernacle, elle fait face à la ville et domine l'immense horizon. L'endroit ne pouvait être plus heureusement choisi. A la base comme au sommet et sur les flancs de la montagne, chacun l'aperçoit sans peine, et, des points les plus divers de la ville, tous ceux qui sont dans l'impossibilité de monter à Santa-Cruz peuvent, de loin, prendre part à la cérémonie. Des écussons eucharistiques se mêlent aux couleurs de la Vierge, et de nombreux oriflammes, disséminés partout, font ressortir deux grandes bannières qui encadrent l'autel.

Dès 7 heures, il n'est plus possible de pénétrer dans la chapelle de N.-D. du Salut. Le P. Durand qui, de nos jours, remplit auprès de la population espagnole de notre ville le ministère dans lequel, en 1849, se dépensait le P. Picazo, y célèbre le Saint Sacrifice et distribue la communion à de nombreuses personnes obligées, par devoir, de redescendre au plus tôt. Elles ne s'en vont pas sans avoir entendu la parole chaude et vibrante du Missionnaire, leur rappelant, dans la langue si expressive de Cervantès, que l'Espagne, comme la France, a gravé l'amour de Marie dans le cœur de ses enfants.

Les cantiques retentissaient encore dans le sancluaire, lorsque de bruyantes détonations éclatent au loin. Ce sont nos pêcheurs napolitains qui annoncent l'arrivée de M⁻ Cantel au plateau du Santon. La fête n'aurait pas eu toute sa splendeur, s'ils n'avaient pas fait retentir leurs bombes et leurs mortiers. Pour cela, ils ne peuvent compter que sur eux-mêmes, et la mer, trop souvent, leur est peu favorable. Il n'importe, leur généreuse activité sait toujours promptement réunir les fonds nécessaires pour réaliser leurs desseins. Grâce à eux, pendant cette journée triomphante, des salves retentiront à chaque instant sur les hauteurs de Santa-Cruz, annonçant à la ville entière les différentes cérémonies.

Monseigneur parvient au pied de la montagne, ayant à ses côtés M. le chanoine Bouissière, son vicaire général, rentré de France dans la nuit, tout exprès pour prendre part aux *noces d'or* de N.-D. du Salut. MM. les chanoines Huertas et Jorro, des Professeurs et les Élèves des Grand et Petit Séminaires l'accompagnent aussi pendant la pénible ascension. A son arrivée près de la chapelle, Sa Grandeur est reçue par M. l'Archiprêtre de la Cathédrale, monté, dès le matin, pour jeter sur toutes choses, un dernier coup d'œil. Bientôt après, M. le chanoine Palliser se joint au cortège.

Des salves plus nombreuses que les premières annoncent à la ville et aux pèlerins, disséminés sur la montagne, que le Saint Sacrifice commence. Monseigneur rappelle aux assistants les souvenirs qui réunissent en ce jour aux pieds de N.-D. du Salut le Pasteur et le troupeau ; il les exhorte à faire monter leurs prières les plus ferventes vers le trône de Marie.

Bientôt, sur cet autel dressé entre le ciel et la terre, qu'une foule nombreuse entoure dans le plus religieux silence, l'Auguste Victime descend à la ix du Pontife. Les Élèves du Séminaire exécutent a chants en l'honneur de Marie, et, lorsqu'arrive l'élévation, un *Panis angelicus*, heureusement rendu, émeut les âmes de tous les assistants. Au même moment, de nouvelles détonations saluent le Roi des cieux, abaissé jusqu'à nous. Après avoir donné aux assistants la bénédiction pontificale, Monseigneur se rend à la chapelle et distribue, à de nombreux fidèles, la Sainte Eucharistie.

M. l'Archiprêtre monte, à son tour, à l'autel dressé en plein air et offre le Saint Sacrifice, qu'entendent de nouveaux pèlerins, venus rejoindre ceux de la première heure.

Le soleil, jusqu'alors un peu voilé par les nuages, se dégage radieux, inondant de ses rayons l'autel dont il fait resplendir l'or. La brume légère, qui cachait l'horizon, se dissipe et laisse l'azur du ciel apparaître aux regards dans toute sa pureté. Un calme profond règne sur ces hauteurs, aux pieds desquelles viennent mourir les bruits lointains de la ville. Seule la brise le trouble en se jouant au travers des oriflammes et des bannières qu'elle agite doucement.

Il ferait bon y demeurer plus longtemps, mais le devoir nous appelle ailleurs.

Suivi de son Clergé, Monseigneur redescend vers la ville, la plupart des pèlerins imitent son exemple ; cependant, un certain nombre de familles restent à Santa-Cruz, pour y attendre la cérémonie du soir.

Monseigneur avait invité tous les catholiques de la ville d'Oran à se trouver à 3 heures sur le plateau, situé au pied de la montagne. A 2 heures et demie, les cloches de la Cathédrale annoncent que Sa Grandeur quitte l'église Saint-Louis, lieu de réunion du Clergé.

La *Musique Civile* ouvre la marche ; immédiatement après se placent les maîtrises des différentes paroisses de la ville : à leur suite viennent les Frères de l'Annonciation de Misserghin, portant leur bannière, qu'ils étaient heureux, après tant d'années, d'arborer à nouveau sur ces hauteurs où ils l'avaient si souvent déployée jadis. Quelques-uns d'entre eux ont vu le choléra de 1849 et ont pris part aux grandioses manifestations, présidées par NN^{rs} Pavy et Callot. Les Professeurs et les Élèves du Grand Séminaire, en habit de chœur, tout le Clergé de la ville, tant régulier que séculier, auquel sont venus se joindre les Curés de la Sénia, de Mers-el-Kebir, de Bou-Tlélis, de Misserghin, et les Aumôniers de cette localité, prennent place, à leur tour, dans le cortège. Précédé de MM. les chanoines honoraires Durand, Huertas, Jorro et Poupart, et des chanoines titulaires Laury, Mathieu et Palliser, Mgr Cantel s'avance. A ses côtés se placent MM. les chanoines Bouissière et Georgel, vicaires généraux du diocèse d'Oran.

Aux accords entraînants d'une marche triomphale, le cortège s'ébranle, suivi par une foule nombreuse, dont il avait arrêté le passage. A 3 heures, la longue procession du Clergé débouche sur le plateau où se trouvent groupés et déjà en marche, les enfants des Écoles, les Communautés religieuses et les innombrables habitants accourus de tous les points de la ville et des environs.

Des salves annoncent la jonction des deux cortèges. Monseigneur n'est pas encore arrivé au plateau, que déjà la procession est engagée bien avant dans les lacets de la montagne ; elle doit se frayer un passage à travers une multitude plus nombreuse encore qui, par les sentiers les plus courts, se hâte de gagner le sommet de Santa-Cruz, devenu déjà une fourmilière humaine.

Un radieux soleil éclaire ce spectacle aussi grandiose que consolant. Les sentiers de la montagne retentissent d'hymnes en l'honneur de Marie. C'est l'*Ave maris stella*, c'est le *Magnificat* alternant avec le refrain si populaire :

> Vierge, notre espérance,
> Étends sur nous ton bras ;
> Sauve, sauve la France,
> Ne l'abandonne pas.

Ce cantique de supplication, n'est-il pas aussi vrai sur les flancs de Santa-Cruz que sur les bords du Gave ? la terre que nous foulons n'est-elle pas la patrie ? l'Algérie n'est-elle pas la France ? C'est encore le chant de la Bretagne, devenu chant national : « Catholiques et Français toujours ! » c'est le cri de la France chrétienne, affirmant ses espérances et sa foi : « Nous voulons Dieu, Mère chérie ! »

Une heure et demie s'est écoulée, depuis que Monseigneur a quitté la Cathédrale. Il arrive, enfin, aux abords du sanctuaire. Quel spectacle se déroule aux regards ! De la base au sommet Santa-Cruz n'est qu'une immense grappe humaine ! Les lacets et les entrelacets, les flancs de la montagne sont noirs de monde, et tout au bas de nouveaux groupes arrivent toujours. Perdant l'espoir de parvenir jusqu'à la chapelle, ils s'arrêtent et garnissent le plateau.

De nombreuses détonations annoncent l'arrivée de Monseigneur au sanctuaire de N.-D. du Salut.

Réunie sur les rochers qui dominent l'autel, la musique exécute la *Marche du Sacre*. Sa Grandeur revêt les ornements pontificaux et s'avance vers l'autel. A cet instant, de toutes les poitrines humaines sort vibrant le cantique des noces d'or de N.-D. du Salut : chant de reconnaissance et d'amour filial, chant d'espérance et de prière, il est sur toutes les lèvres, il est surtout dans tous les cœurs. Accompagnée par la musique, cette masse chorale produit un effet saisissant.

Lorsque le cantique est terminé, quand les derniers accords de la musique se sont tus, au milieu d'un profond silence, les voix des Élèves de nos deux Séminaires se font entendre, adressant à Marie un chant grave et lent, comme il convient à une prière, prélude d'un acte solennel :

> Sur tes enfants, Mère chérie,
> Abaisse un regard plein d'amour ;
> Vois à tes pieds Oran qui prie,
> Et se donne à toi sans retour.

A genoux devant l'image de Marie, M⁣ᵍʳ Cantel s'apprête à lire l'acte qui va consacrer la ville d'Oran à la Reine du ciel. La foule imite son Évêque, elle s'agenouille comme lui ! Instant solennel ! La voix du Pontife n'arrive pas à tous les pèlerins ; mais tous savent, tous comprennent la grandeur de l'acte qu'il accomplit en leur nom. Unis de cœur avec lui, ils ratifient les engagements qui les lient à leur Souveraine.

CONSÉCRATION DE LA VILLE D'ORAN A N.-D. DU SALUT

Mère, voici vos enfants accourus à votre sanctuaire, unis par les mêmes sentiments de reconnaissance et d'amour.

Il y a cinquante ans, un terrible fléau désolait nos rivages ; la mort, en quelques jours, moissonnait et couchait dans nos ravins la dixième partie de la population d'Oran. Le deuil était partout ! Comme jadis, lorsque l'ange frappait les premiers nés d'Égypte, de toutes nos maisons jaillissait un grand cri, mêlé à un long sanglot. Cri d'angoisse et de désolation, de terreur et de désespoir !

Assis sur la tombe de ses enfants, Oran pouvait redire, en montrant les funèbres cortèges qui, chaque jour, attristaient les regards : O vous qui parcourez nos chemins, regardez et voyez s'il est une douleur comparable à ma douleur ?

En face d'un fléau, dont nul effort humain ne pouvait arrêter la marche foudroyante, c'est vers vous, ô Marie, qu'Oran leve ses mains suppliantes ; vers vous, ô Vierge Sainte, que la reconnaissance unanime des peuples a proclamée le refuge, l'espoir, la consolation des affligés.

Les ardentes supplications de nos pères émurent votre cœur. Leur confiance ne fut point déçue. Votre amour maternel entendit leurs prières, et votre puissante intervention fléchit la justice divine. C'est alors que leur tendresse filiale vous donna le nom si beau, si vrai, si consolant, de N.-D. du Salut. Pour eux, il disait tout : amour et délivrance, renaissance et bonheur ! En érigeant sur la montagne ce sanctuaire, en y plaçant votre image bénie, ils ont voulu élever un monument qui fût la preuve irrécusable de leur reconnaissance pour un si grand bienfait. Alors aussi, par une consécration solennelle, ils remirent entre vos mains leur cité, leurs demeures, leurs familles et leur vie. Reine et protectrice d'Oran, jamais vous n'avez cessé d'étendre votre main tutélaire, sur la ville qui s'était consacrée à vous.

En ce jour, qui ramène le cinquantième anniversaire de votre intervention toute-puissante, nous venons renouveler, à vos pieds, ce pacte et nos serments. Plus que jamais, montrez-vous notre Mère ; plus que jamais, soyez notre espérance, notre salut. Gardez, oui gardez cette ville, où tant d'âmes ont pour vous l'amour le plus filial, la reconnaissance la plus absolue. Nous vous la dévouons, nous vous la consacrons. Que par vous, ô Marie, elle voie toujours régner en son sein, la concorde et la paix, que toujours ses enfants, quel que soit le ciel qui a abrité leur berceau, n'aient qu'un cœur pour vous aimer, qu'une langue pour redire et chanter vos bienfaits.

Donnez aux malades, la santé; aux découragés, l'espérance; à ceux qui pleurent, la consolation; le courage, à ceux qui luttent; à ceux qui tombent, le relèvement.

Conservez dans le chemin du devoir, toujours plus abrupt que celui de Santa-Cruz, les âmes fidèles. Qu'elles ne se fatiguent pas plus d'aller à Jésus, qu'elles ne se lassent de monter à votre sanctuaire! Et si parfois, les souffrances de la vie meurtrissent nos cœurs, comme les aspérités de votre montagne blessent nos pieds, ô Mère, que votre main panse nos blessures et adoucisse nos douleurs. Qu'un de vos regards nous ranime, qu'un sourire de vos lèvres nous encourage et nous console! Si jamais un fléau meurtrier venait encore menacer nos têtes, couvrez-nous de votre toute-puissante protection, Mère, défendez-nous, sauvez-nous!

Faites qu'un jour, ô Vierge de Santa-Cruz, délivrés par vous, des souffrances et des misères de la vie, triomphants des luttes et des épreuves d'ici-bas, pasteur et troupeau soient enfin réunis au ciel, dans une même et éternelle félicité!

N.-D. du Salut, priez pour nous!

La voix du Pontife cesse de se faire entendre; un chant triomphal éclate aussitôt.

Gloire, honneur à Marie, à la Reine immortelle,
Sa main aux jours troublés nous conduisit au port;
A notre Mère, enfants, jurons d'être fidèle,
Entre Oran et Marie, à la vie! à la mort!

Les cœurs sont remués, plus d'une larme mouille les paupières, et tous ceux qui entendent ce chant d'allure magistrale, répètent au plus intime de leur âme: à la vie, à la mort!

Pendant que M. l'abbé Poëlaert, vicaire de la Cathédrale, va chercher la Sainte Réserve, la musique fait entendre un *andante*, heureuse transition entre les chants qui ont retenti jusqu'alors et ceux qui désormais vont s'élever en l'honneur du Dieu de l'Eucharistie.

Les Élèves du Grand Séminaire entonnent l'*O salutaris Hostia*; la foule entière joint sa voix aux leurs, elle fait de même pour le *Tantum ergo*. Ces chants si beaux dans leur simplicité, répétés par une masse de voix aussi considérable, produisent un effet grandiose et impressionnent profondément.

Les chants cessent et les voix font silence. Après avoir prié, le Pontife se lève, il prend, sur l'autel, l'ostensoir aux rayons d'or, qui étincelle sous les lueurs du soleil couchant, il se tourne vers la foule, levant ses mains pour la bénir.

De puissantes détonations se font entendre, les cloches de la ville unissent leurs voix pour y répondre. Spectacle sublime, moment inoubliable, la montagne entière s'incline, de la base au sommet la foule immense tombe à genoux, adorant en silence, pendant que le Pontife portant le Roi immortel des siècles la bénit. Lentement ses mains s'abaissent sur la ville et sur la mer, sur les plaines de l'Oranie, qui se déroulent à l'horizon...

Tous les fronts se relèvent, un chœur vibrant retentit dans les airs : *Laudate Dominum omnes gentes !* Que toutes les nations bénissent le Seigneur, exaltant sa puissance ! Il a fait éclater sur nous les merveilles de sa miséricorde.

La musique fait entendre un brillant pas redoublé : c'est le signal du départ. Mais avant que les pèlerins se dispersent, Monseigneur charge M. le chanoine Laury, dont la voix puissante parvient facilement à se faire entendre au loin, d'inviter la foule à unir ses

acclamations à celles que le Pontife lui-même adresse
à la Reine du ciel. M. Laury transmet, à la multitude, le
désir de Sa Grandeur : il le traduit aux Espagnols, le
P. Marraro et M. le Curé de Saint-Eugène font de même
pour les Italiens. Aussitôt, de tous côtés, retentissent
les acclamations les plus enthousiastes envers N.-D. du
Salut, elles se prolongent, elles se répètent. Rien ne
lasse ces bouches, parce que rien ne lasse ces cœurs.

Le soleil baisse à l'horizon, il faut mettre fin à ces
touchantes et pieuses manifestations, il faut descendre
du ciel et revenir sur la terre !... Dans tous les cœurs
il y a comme un déchirement. Sur ce nouveau Thabor,
il y avait tant de charmes et tant de douceurs ! Aussi, de
tout part, entendait-on répéter : Mère, nous revien-
drons !

S'il avait été difficile d'arriver jusqu'à la chapelle, il
fut encore moins facile de la quitter. Quoique beaucoup
de pèlerins, ne tenant aucun compte des sentiers,
descendissent à travers les escarpements de Santa-Cruz,
la foule s'écoula très lentement. La nuit était déjà bien
noire et il y avait encore sur la montagne bon nombre de
fidèles qui n'avaient pu regagner leurs demeures.

Quand les cloches de la Cathédrale sonnèrent
l'*Angelus* du soir, une brillante clarté illumina le sommet
de Santa-Cruz. La tour et la chapelle se dessinèrent
admirablement, au milieu de cet embrasement général,
nous montrant, une dernière fois, à la fin de cette belle
et grandiose journée, la Vierge dont elle avait fait
éclater la gloire et consacré le triomphe. C'était une
dernière prière et un suprême hommage adressé par
Oran, à N.-D. du Salut, au jour béni de ses *noces d'or*...

Au moment de clore notre récit, nous éprouvons le besoin de laisser déborder les sentiments qui ont rempli notre cœur à la vue de ce magnifique et consolant spectacle, et le remplissent encore, quand nous en évoquons l'attendrissant souvenir. En terminant notre appel aux catholiques d'Oran, pour les convier à cette belle solennité, nous leur disions que, connaissant leur amour pour N.-D. de Santa-Cruz, nous étions certains qu'ils feraient ces fêtes grandioses, incomparables. Nos espérances ou plutôt nos prévisions ont été dépassées. Dieu en soit béni ! C'est lui qui a tout fait, tout disposé, tout conduit. Ne tient-il pas entre ses mains les volontés des hommes et ne les gouverne t-il pas à son gré ? Mais honneur aussi aux catholiques de notre ville et de ses environs ! Ils se sont montrés dignes de leurs pères, ils ont prouvé qu'ils n'entendent pas renier la dette contractée envers N.-D. du Salut et qu'ils savent tenir les engagements pris par leurs devanciers. Gloire à Dieu, gloire à Marie, honneur à eux !

Au milieu des défaillances contemporaines, il est bon, il est consolant, de pouvoir contempler de pareils spectacles. Au jour où nous sentons la tristesse envahir notre esprit, où tout espoir semble perdu, où l'impiété et l'irréligion, gagnant de proche en proche, paraissent envahir le monde et menacer l'œuvre de Dieu, pour reprendre courage, il suffit d'une journée semblable à celle des *noces d'or* de N.-D. du Salut. On sent alors renaître son espérance et, regardant bien en face le présent et l'avenir, on répète, avec une inébranlable confiance, la parole du grand martyr de l'Equateur : « Dieu ne meurt pas ! »

ÉPILOGUE

Les fêtes de la terre n'ont point de lendemain, dit-on, et alors même qu'il en serait autrement, l'oubli vient vite. Sous l'influence du temps, les souvenirs que l'on pouvait à juste titre croire pour jamais gravés dans les esprits et dans les cœurs, s'effacent rapidement. Une pensée de pieuse reconnaissance a voulu préserver d'un pareil sort les évènements que nous achevons de raconter. Afin d'en perpétuer la mémoire et de rappeler aux générations futures les grandioses et si touchantes manifestations auxquelles ont donné lieu les noces d'or de N.-D. du Salut, une plaque de marbre vient d'être scellée à l'un des piliers du sanctuaire de Santa-Cruz. Dès que le pèlerin franchit le seuil de la chapelle, son regard la rencontre et peut y lire l'inscription suivante :

D. O. M.
Le 5 novembre 1899
au milieu d'un concours immense
de fidèles
Mgr Cantel, évêque d'Oran
entouré de tout le Clergé
de la ville et des environs
a célébré
les noces d'or de N.-D. du Salut
et renouvelé la consécration
de la ville d'Oran à Marie
faite le 4 novembre 1849
à l'occasion du choléra.
N.-D. du Salut, priez pour nous !

Les fêtes ont cessé, le silence s'est fait sur la montagne, les rigueurs de la saison ont rendu moins nombreux les pèlerins, mais l'attrait qui les amène aux pieds de notre auguste protectrice est toujours le même. La confiance en la Vierge de Santa-Cruz est gravée trop profondément dans le cœur de tous.

Les fêtes célébrées, à l'occasion des noces d'or, ont montré un réveil sérieux de la foi, et l'explosion soudaine de l'enthousiasme, dont nous venons d'être témoin, prouve combien, dans notre Oranie réputée si indifférente, sont possibles les manifestations de la piété catholique. Dix-sept ans s'étaient écoulés, depuis que la dernière procession avait eu lieu. Déshabituées de ces fêtes religieuses, les foules n'en connaissaient plus les splendeurs ; on pouvait donc redouter qu'elles ne répondissent pas à notre appel. On a vu combien vaines étaient ces craintes. Il a suffi, en effet, de jeter dans l'espace le nom de N.-D. du Salut et de convier les fidèles à se grouper sous ses bannières, pour que la ville d'Oran tout entière ait tressailli. Ses enfants se sont levés nombreux, acclamant comme autrefois la Reine de la terre et du ciel. Les entraves avaient disparu, ils ont donné un libre essor à leur foi et à leur amour.

Ces fêtes seront-elles, pour les catholiques de l'Oranie, l'aurore naissante d'une liberté véritable ? Devront-ils les regarder comme un fugitif rayon, entrevu dans un ciel chargé d'orages et que Dieu nous aura donné pour consoler nos tristesses et raffermir nos espérances ? L'avenir le dira. Mais, en tous cas, ces jours consolants pour la piété et pour la foi n'auront point été stériles, ils ont produit et produiront encore des fruits abondants et durables.

Au cinquantième anniversaire de sa providentielle intervention, si Marie n'a pas eu à nous délivrer d'un fléau redoutable pour notre vie terrestre, elle aura — la splendide manifestation du 5 novembre en est le gage — arrêté dans sa marche un mal non moins terrible pour la vie de nos âmes, l'indifférence. Ce réveil n'a pas attendu, pour se faire sentir, le jour même des noces d'or de N.-D. du Salut, il l'a précédé. Pour s'en convaincre, il suffit de se rappeler tout ce que nous avons dit plus haut. Le fait d'ailleurs est indéniable. Le courant qui entraîne les fidèles au sanctuaire de Santa-Cruz est plus fort que jamais. A aucune autre époque les Messes célébrées à la chapelle de la montagne n'ont été aussi nombreuses, jamais non plus les communions n'ont été aussi fréquentes et aussi multipliées.

Gloire, honneur à Marie, amour et reconnaissance à notre auguste protectrice ! Aujourd'hui, comme il y a cinquante ans, elle a justifié le nom que lui ont donné nos pères ; aujourd'hui, comme il y a cinquante ans, son bras s'est étendu pour nous défendre, ses mains se sont levées pour nous bénir. Espoir donc, enfants de l'Oranie ; demain, comme aujourd'hui, son amour maternel saura nous protéger. Le passé et le présent en sont pour nous un sûr garant !

Voyageurs qui regagnons les rivages de l'éternelle patrie, continuons désormais notre route, affermis dans notre foi, inébranlables dans notre espérance en la Vierge de Santa-Cruz.

Lorsqu'au milieu des luttes incessantes d'ici-bas, nous sentirons nos forces sous le fardeau faiblir, quand la douleur viendra jeter sur notre vie d'un jour son voile de tristesse, quelles que soient nos angoisses et nos souffrances, en haut les cœurs ! Tournons vers Santa-Cruz nos regards suppliants. Portons, au sanctuaire de notre Protectrice, nos prières et nos larmes et jetons à son cœur le cri plein d'espérance de nos âmes meurtries.

Pour nous, elle a été, elle est, elle sera toujours *Notre-Dame du Salut*.

CANTIQUE DES NOCES D'OR

EXÉCUTÉ A SANTA-CRUZ LE 5 NOVEMBRE 1899

Refrain

A la Reine de notre Afrique,
Oranais, payons un tribut.
Entonnons un joyeux cantique
A Notre-Dame du Salut.
Exaltons cet anniversaire,
Son bras nous sauva de la mort,
Et montons à son sanctuaire
Pour célébrer ses noces d'or,

I

Cinquante ans ont passé
Depuis l'heure bénie
Où de notre Oranie
Le fléau fut chassé,
Nous revenons heureux,
O Mère de tendresse,
Te dire avec ivresse
Notre amour et nos vœux.

II

L'avenir était noir,
En ces jours de tristesse
La mort fauchait sans cesse,
Il n'était plus d'espoir,
Nos bras découragés
Retombaient vers la terre ;
Mais du ciel, bonne Mère,
Tu nous as protégés.

III

Pendant des jours nombreux,
Brisé par la souffrance,
Oran, sans espérance,
Oubliait trop les cieux.
On prononça ton nom :
Aussitôt la prière
A ton cœur, tendre Mère,
Redit notre abandon

IV

Nos pères à genoux,
Le cœur rempli d'alarmes,
Te disaient dans leurs larmes :
Mère ! pitié pour nous.
Du Seigneur irrité
Apaise la colère,
Rends enfin à la terre
La vie et la santé.

V

Donne à tes fils en pleurs
Un rayon d'espérance ;
Console leur souffrance
Et calme leurs douleurs.
O Vierge, que la main
Qui commande aux orages
Couvre enfin de nuages
Un ciel toujours d'airain.

VI

A Santa-Cruz, heureux,
Plaçons un sanctuaire,
Asile tutélaire
Pour tous les malheureux.
Gage toujours constant
De la reconnaissance,
Au jour de délivrance,
Élevé par Oran.

VII

Ils étaient à genoux
Quand gronda le tonnerre ;
Du Seigneur la prière
Apaisait le courroux.
L'eau qui tombait à flot
Proclamait sa clémence.
Un long cri d'espérance
S'élevait aussitôt.

VIII

Le fléau terrassé
Recula d'épouvante
Et par ta main puissante
Loin de nous fut chassé.
Et l'écho dans les airs
Disait : Gloire à Marie !
Notre Mère chérie
A vaincu les enfers.

IX

A toi nos chants, nos vœux,
En cet anniversaire,
Et dans ton sanctuaire
Nous revenons heureux
Te dire notre amour.
Dans leur reconnaissance
Nos cœurs pleins d'espérance
Sont à toi sans retour.

X

Ecoute nos accents,
Nos ardentes prières.
Tu préservas nos pères,
Veille sur leurs enfants ;
Quand Satan à nouveau
Menacera nos têtes,
Chasse au loin les tempêtes,
Sauve-nous du fléau.

TABLE DES MATIÈRES

ORAN. — IMPRIMERIE D. HEINTZ

9, BOULEVARD MALAKOFF, 9

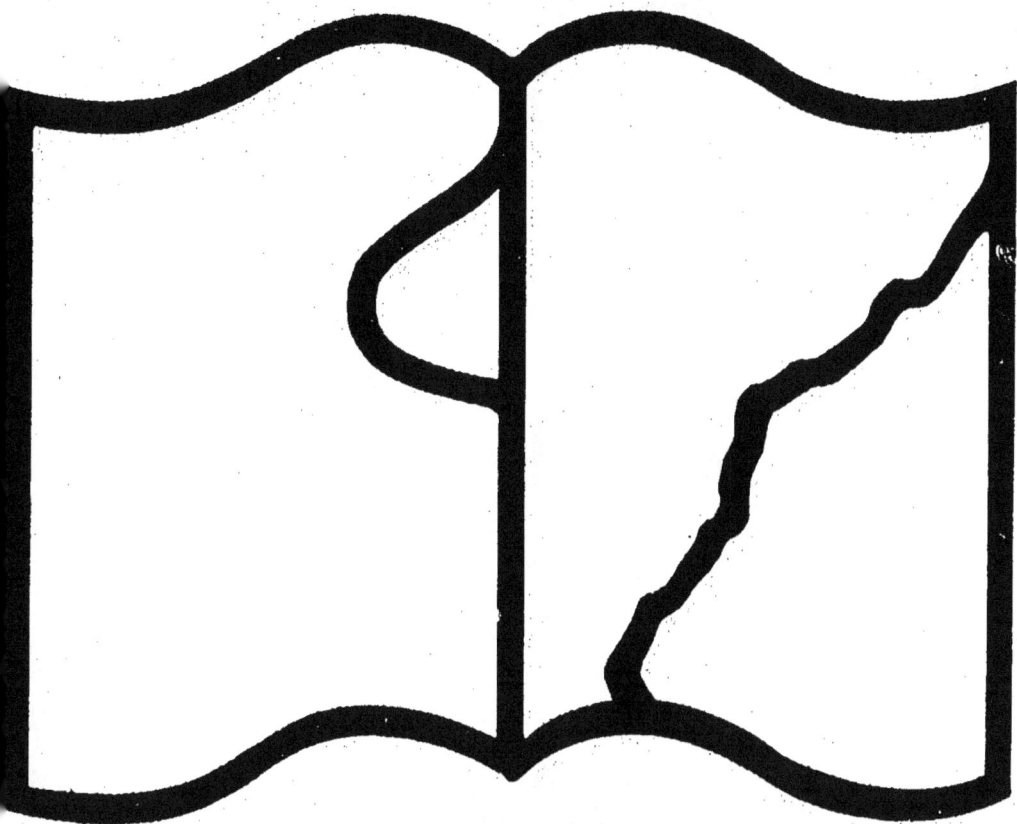

Texte détérioré — reliure défectueuse

NF Z 43-120-11

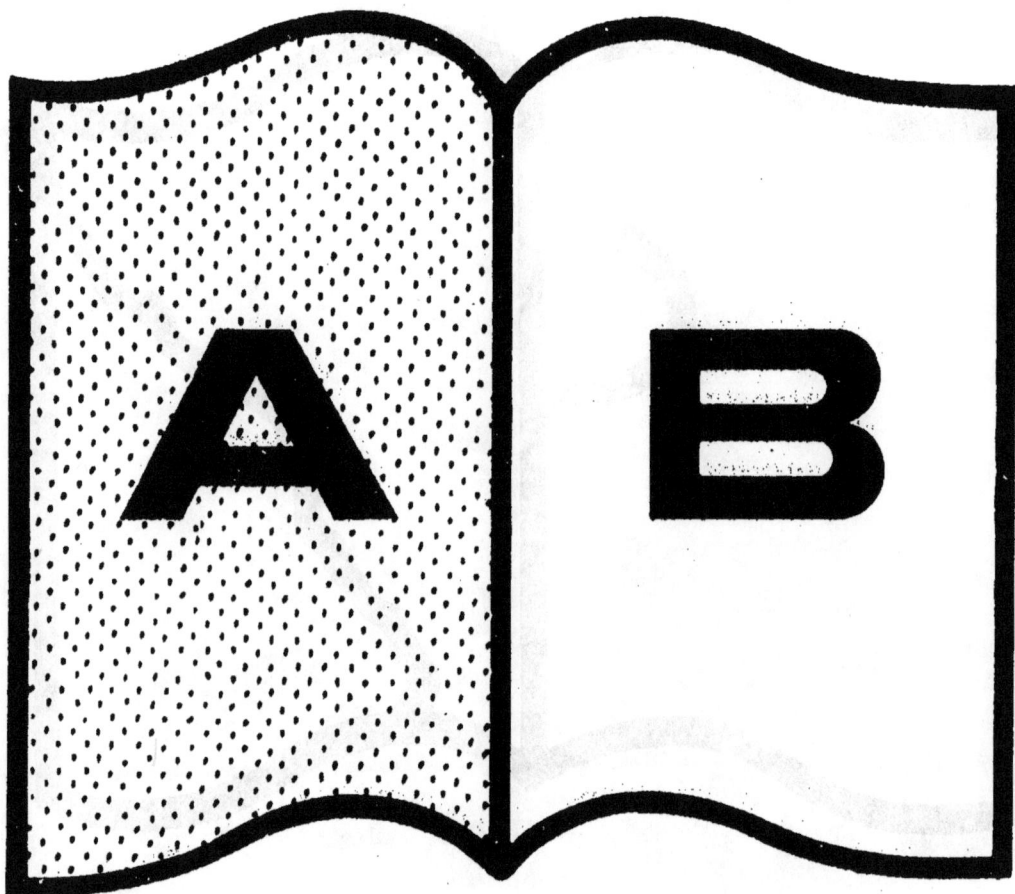

Contraste insuffisant

NF Z 43-120-14

www.ingramcontent.com/pod-product-compliance
Lightning Source LLC
Chambersburg PA
CBHW051715090426
42738CB00010B/1916